CONTEMPORARY
HOUSES

MODERNE HÄUSER | MAISONS CONTEMPORAINES | MODERNE HUIZEN

CONTEMPORARY HOUSES

MODERNE HÄUSER | MAISONS CONTEMPORAINES | MODERNE HUIZEN

h.f.ullmann

Editorial Project:
2006 © LOFT Publications
Via Laietana 32, 4o Of. 92
08003 Barcelona, Spain
Tel.: +34 932 688 088
Fax: +34 932 687 073
loft@loftpublications.com
www.loftpublications.com

Editor & texts: Antonio Corcuera
Editorial assistant: Cristian Campos
Editorial coordination: Catherine Collin
Layout & prepress: Oriol Serra Juncosa

© 2006 Tandem Verlag GmbH
h.f.ullmann is an imprint of Tandem Verlag GmbH
Original title: *Contemporary Houses*
Original ISBN: 978-3-8331-2494-5

Project management: Lucile Bas

© 2010 Tandem Verlag GmbH
h.f.ullmann is an imprint of Tandem Verlag GmbH
Special Edition

Project coordination for this edition: Lars Pietzschmann

English translation: Frieda B. K.
German translation: Ulrike Hanselle
French translation: Arnaud Dupin de Beyssat
Dutch translation: Tanja Timmermann

Cover design: Martin Wellner
Cover photograph: © Juan Mundó

Overall responsibility for production: h.f.ullmann publishing, Potsdam, Germany

Printed in Slovakia

ISBN 978-3-8331-6008-0

10 9 8 7 6 5 4 3 2 1
X IX VIII VII VI V IV III II I

If you would like to be informed about forthcoming h.f.ullmann titles, you can request our newsletter
by visiting our website (**www.ullmann-publishing.com**) or by emailing us at: newsletter@ullmann-publishing.com.
h.f.ullmann, Birkenstraße 10, 14469 Potsdam, Germany

Introduction

A house is a living place and its function is to set its residents in time and space. Based on this crucial abstraction, we can conclude that the house is the center of that particular world of those who live in it. Whether cabin or palace, a house is a formidable and magical object containing a miniature universe able to speak of its inhabitants, even in their absence. Similarly, if in sociological terms it is said that a city is nothing but the physical embodiment of the relationships between its citizens, it can be concluded that, to a larger or lesser extent, the residential form determines the urban one. The different architectural forms of both small houses and large housing developments and the ways in which they are grouped together structure the city and shape its atmosphere. Thus any project involving residential construction contains, in essence, the expression of another urban project – therefore, every house is built at the starting point of an architectural form. Beyond the available surface area or the chosen style of architecture, the house, as an extension of our own body toward the world, is and must be a mirror of our habits, customs, and preferences. From small weekend homes to sprawling family houses, each domestic space must hold a certain grandeur with which its inhabitant can identify him/herself. The need to personalize our homes grows even greater as the standardization of our media-influenced society serves to push forward the search for novelty and individual style. A house of unique design is the bearer of our domestic dreams – in it resides architecture's capacity to feed the promise of a better life. After all, a house is an intimate and protective nest in which we can let go and give in to well-being.

This book brings together a vast selection of the most interesting and spectacular houses constructed in the last few years. Despite its size, this compilation remains imperfect as it can include only a small percentage of recent residential architecture. It only intends to serve as an extensive sampler presenting a multitude of possibilities in the design and construction of family houses. The various projects have been grouped together in three chapters according to their location because within the variety of houses shown, location is, as with any work of art, a fundamental conditioning element. A fourth chapter gathers particularly unique houses, i.e. those that show a remarkable interest in experimentation, the search for solutions to complex programs, or a novel fusion of materials and forms. Lastly, we need to make it clear that in general terms "ideas of houses" were chosen rather than "ideal houses" because the home that each one of us dreams of exists only in our imagination, in such a way that each of the houses included here has succeeded in becoming a utopia of perfect living.

Einleitung

Das Haus ist ein Ort mit der Funktion, den Menschen in Raum und Zeit zu beherbergen. Mit dieser essenziellen Abstraktion wird uns klar, dass das Haus Lebensmittelpunkt seiner Bewohner ist. Egal ob Hütte oder Palast, das Haus ist ein großartiges, magisches Objekt. Es beherbergt ein kleines Universum, das von seinen Bewohnern erzählt, auch wenn sie nicht da sind. Aus soziologischer Sicht ist die Stadt also eine physische Kristallisation der Beziehungen zwischen ihren Einwohnern. In unterschiedlichen Gewichtungen bestimmt die Art des Wohnens demnach auch die Stadtstruktur. In Form von kleinen Wohnungen und großen Wohnkomplexen strukturieren die verschiedenen Bauwerke und ihre Anordnung die Stadt und formen ihr Ambiente. So steckt in jedem Wohnprojekt auch zu einem gewissen Teil ein städtebauliches Projekt. Das Haus erhebt sich zum Ausgangspunkt jeder architektonischen Form.

Jenseits der verfügbaren Quadratmeter und des gewählten Architekturstils ist das Haus ein Bindeglied zwischen dem Einzelnen und der Welt, ein Spiegel unserer Gewohnheiten, Sitten und Vorlieben. Jedes Haus, sei es ein kleines Wochenendhäuschen oder ein großes Einfamilienhaus, jedes Haus braucht eine gewisse Bedeutung, mit der sich sein Bewohner identifizieren kann.

Die Einförmigkeit der mediatisierten Gesellschaft fördert die Suche nach Neuem, nach einem eigenen Stil. Wir empfinden eine wachsende Notwendigkeit, das eigene Zuhause möglichst individuell zu gestalten. Ein exklusiv gestaltetes Haus ist der Inbegriff unseres Traumes von einem Zuhause, und die Architektur kann diesem Traum von einem besseren Leben eine Gestalt geben. Letztendlich soll unser Haus ein vertrautes und schützendes Nest sein, mit dem wir uns identifizieren und in dem wir uns wohl fühlen.

Dieses Buch enthält eine große Auswahl der interessantesten und spektakulärsten Häuser, die in den letzten Jahren entstanden sind. Trotz seines Umfangs bleibt die Zusammenstellung jedoch unvollständig und kann nicht mehr bieten als einen kleinen Einblick in die moderne Hausarchitektur. Daher sollte dieses Buch als ein großer Katalog der vielfältigen gestalterischen und baulichen Möglichkeiten von Einfamilienhäusern verstanden werden. Die Projekte sind in drei Kapitel unterteilt, die sich nach dem Standort der Häuser unterscheiden. Bei aller Vielfalt der hier gezeigten Gebäude ist letztlich die Umgebung entscheidend, in der sie sich befinden. Und dies gilt selbstverständlich für jedes Bauwerk. Das vierte Kapitel enthält besonders außergewöhnliche Wohnungen. Wir erkennen dort eine große Experimentierfreude, die Suche nach Lösungen für komplexe Projekte oder neue Material- und Formenkombinationen.

Abschließend sei gesagt, dass in diesem Buch "Hausideen" und keine "idealen Häuser" präsentiert werden. Das Zuhause, das wir uns alle wünschen, existiert nur in unserer Vorstellung. Doch jede der hier gezeigten Wohnungen kann glücklicherweise ein wenig zur Utopie des perfekten Wohnens beitragen.

Introduction

Domicile, nid, refuge, habitation, toit, logement, foyer, logis, résidence, demeure, gîte… les termes sont nombreux pour nommer le lieu où l'on vit. De cette profusion de termes, il ressort que l'homme accorde plus qu'une simple fonction utilitaire à cet endroit. En effet, la maison a pour fonction de nous situer dans le temps et dans l'espace. Elle constitue le point d'ancrage de ceux qui l'habitent, le centre de leur monde. Qu'elle soit cabane ou palais, l'habitation est un univers en miniature qui parle de ses occupants, même en leur absence. Tout comme l'on peut dire que la ville n'est autre, en termes de sociologie, que la cristallisation physique des relations entre ses habitants, nous pouvons conclure sans peine que la forme résidentielle détermine plus ou moins la forme urbaine. Les différentes typologies d'habitat, qu'il s'agisse de petites maisons ou de grands ensembles résidentiels, et leur agglomération, structurent la ville et lui confèrent forme et atmosphère. Ainsi, tout projet d'habitation contenant, par essence, un autre projet urbain de plus petite échelle, la maison s'institue-t-elle comme le point de départ de toute forme architectonique.

Au-delà de sa superficie et de son style, la maison, symbolisant notre présence au monde, se doit d'être le reflet de nos habitudes, de nos pratiques et de nos goûts. Du petit refuge de week-end aux grandes demeures familiales, chacun de ces espaces domestiques doit comporter une dimension à laquelle l'habitant peut s'identifier. Dans la mesure où l'uniformité d'une société médiatisée impose la recherche de la nouveauté, d'un style à soi, personnaliser sa maison s'avère essentiel. La maison de conception unique est évocatrice de nos rêves domestiques. C'est en cela que l'architecture constitue un art, car elle nourrit la promesse d'une vie meilleure.

Ce livre rassemble une sélection importante des maisons les plus intéressantes et les plus spectaculaires construites au cours de ces dernières années. Malgré son ampleur, cette compilation reste imparfaite puisque non exhaustive. Toutefois, elle vise à offrir un très large aperçu des multiples possibilités de conception et de construction d'une maison familiale.

Les trois premiers chapitres rassemblent les réalisations en fonction de leur situation géographique : ville, campagne, milieux extrêmes. En effet, leur emplacement conditionne dans une certaine mesure leur style, et constitue donc un élément fondamental de la diversité des maisons exposées ici. Le quatrième chapitre regroupe des résidences particulièrement singulières, remarquables par leur caractère expérimental, par les ingénieuses solutions apportées à des cahiers des charges complexes ou la mise en œuvre de combinaisons nouvelles de matériaux et de formes.

Enfin, nous avons préféré présenter des « idées de maisons » plutôt que des « maisons idéales » afin que, la maison que chacun d'entre nous désire n'existant encore que dans notre imaginaire, chacune des demeures de cet ouvrage puisse nous renvoyer à notre propre utopie d'un habitat parfait.

Inleiding

Het huis is de plek waar gewoond wordt. Zijn functie is de mens in tijd en ruimte te plaatsen. Deze abstracte uitspraak geeft aan dat het huis het centrum van de eigen wereld is voor degene die erin woont. Of het nu een hut of een paleis is, het huis is een 'magisch' object, een miniatuuruniversum dat zelfs wanneer de bewoners er niet zijn, over hen spreekt. Als we in sociologische termen stellen dat de stad niets meer is dan de concrete belichaming van de relaties tussen zijn bewoners, dan volgt daaruit logischerwijs dat de stedelijke omgeving in meer of mindere mate wordt bepaald door de manier waarop er gewoond wordt. Of het nu om kleine huizen of om grote flatgebouwen gaat, het zijn de indeling en groepering die de stad structuur en sfeer geven. Hierdoor is elk woningbouwproject in wezen altijd een stadsproject op kleine schaal. Vanuit dit architectonische uitgangspunt verrijst het huis uit de grond.

Los van de vierkante meters die benut kunnen worden en los van de gekozen architectonische stijl is het huis een spiegel van onze gebruiken, gewoonten en voorkeuren, als het ware een verlengstuk van ons eigen lichaam naar de wereld. Elke woonruimte, van een buitenhuisje tot een ruime eengezinswoning, heeft afmetingen nodig waarmee de bewoner zich kan identificeren. Net zoals een uniforme maatschappij ons dwingt te zoeken naar iets nieuws, naar een eigen stijl, streven we bij de bouw van huizen steeds meer naar individualiteit. Een uniek ontworpen huis staat boven aan ons verlanglijstje. In dit huis gaat de belofte van de architectuur schuil achter een beter leven. Per slot van rekening beschouwen we ons huis als een behaaglijk en beschermend nest waarin we ons over kunnen geven aan onze zintuigen en gezelligheid.

Dit boek bevat een ruime selectie van de meest interessante en spectaculaire huizen die de afgelopen jaren zijn gebouwd. Ondanks zijn omvang beslaat het boek echter slechts een klein deel van de recente woningarchitectuur, waardoor het niet méér pretendeert dan het tonen van een groot aantal voorbeelden van eengezinswoningen. De projecten zijn gegroepeerd in drie hoofdstukken en zijn ingedeeld naar hun ligging; binnen de enorme variatie tussen de huizen die we hier zien, wordt duidelijk dat de ligging een van de fundamentele factoren is die het karakter van een huis, of elk ander bouwwerk, bepalen. In het vierde hoofdstuk worden bijzonder opvallende huizen behandeld, waarin het belang van experimenten, het zoeken naar oplossingen van complexe vraagstukken en nieuwe combinaties van materialen en vormen centraal staan. Tot slot moet worden opgemerkt dat het hier om 'huizenideeën' gaat en niet om 'ideale huizen', want die bestaan alleen in onze verbeelding. Elk huis in dit boek is een poging de utopie van het perfecte wonen uit te beelden.

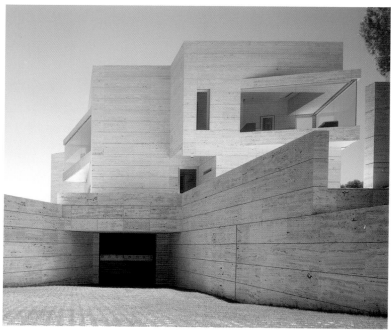

We inevitably feel a powerful and almost inexplicable attraction towards mass, that which is modern, machinery, and all else man has built, in such a way that the city harbors not only our greatest desires and accomplishments, but also our greatest challenges and insecurities. It is estimated that in the coming years up to 80% of the world's population will live or work in a city. Freeways and highways unite people to form vast metropolises. Although major cities continue to welcome a large concentration of services, leisure and culture centers, and although the mere accumulation of houses does not alone make a city, what is certain is that a major part of the urban fabric is formed by houses, particularly apartment buildings. At the same time, from within the home, that intimate nest which reflects our personality, we are faced with the constant search for individuality within a homogenous society. Thus it is the uniquely designed urban house that meets the needs (such as individual expression and social standing) of those who own a private residence. In the complex and sometimes chaotic city fabric, the contemporary architect looks to avoid the superfluous in order to concentrate on the individual and his/her multiple needs.

Auf starke und nahezu unerklärliche Weise fühlen wir uns durch die Masse angezogen. Die Faszination gilt der Moderne, den Maschinen und dem vom Menschen Gemachten. So wird die Stadt zum Zentrum unserer größten Wünsche und Erfolge, aber auch der größten Herausforderungen und Zweifel. In den nächsten Jahren werden schätzungsweise bis zu 80 % der Weltbevölkerung in Städten wohnen oder arbeiten. Straßen und Autobahnen verbinden einzelne Ortschaften, es entstehen zerstreute und unüberschaubare Metropolen. In der Großstadt gibt es eine immer größere Konzentration an Serviceleistungen, Freizeit-, Kultur- und Unterhaltungsangeboten. Zwar macht die alleinige Anhäufung von Wohnungen noch keine Stadt aus. Fest steht jedoch, dass der größte Teil des Stadtgeflechts aus Wohnungen besteht, konkret gesagt aus Apartmenthäusern. Gleichzeitig befinden wir uns ständig auf der Suche nach Dingen, die uns in einer uniformen Gesellschaft von anderen unterscheiden. Wir suchen dieses vertraute Nest, das unsere Persönlichkeit reflektiert. Das exklusiv gestaltete Stadthaus ermöglicht neben der notwendigen Privatsphäre gleichzeitig den Ausdruck der Individualität und der sozialen Zugehörigkeit. In dem komplexen Netzwerk und bisweilen auch Chaos der Städte versucht der zeitgenössische Architekt, allem Überflüssigen zu entgehen, um sich auf den Einzelnen mit seinen vielfältigen Bedürfnissen zu konzentrieren.

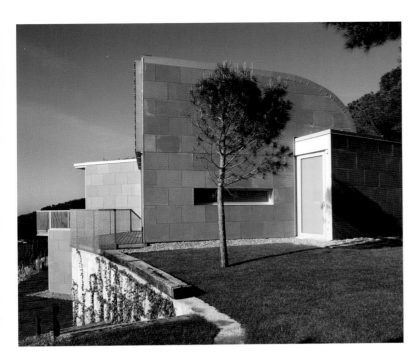

Urban Houses
Stadthäuser
Maisons de ville
Stadswoningen

Nous ressentons inéluctablement une attirance très forte et quasi inexplicable pour la masse, la modernité, les machines et tout ce que l'homme construit. Ainsi, la ville nourrit-elle nos désirs et nos réussites majeurs mais aussi, et simultanément, nos plus grands défis et incertitudes. On estime que 80 % de la population mondiale vivra ou travaillera dans une ville au cours des années à venir. Routes et voies rapides rapprochent les populations pour former des mégapoles sans fin. Même si la cité accueille chaque fois une concentration plus importante de services, de lieux de loisirs, de culture et de divertissement, et bien que la simple accumulation de maisons ne constitue pas à elle seule une véritable ville, il n'en demeure pas moins vrai que la majeure partie du tissu urbain est composée de lieux d'habitation, ou, plus concrètement, d'immeubles d'appartements. Dans ce contexte, nous cherchons constamment à nous détacher d'une société uniformisée, à créer ces nids intimes qui reflètent notre personnalité. L'architecture unique de la maison urbaine permet alors d'associer nécessité et plaisir : un logement personnel qui soit également l'expression d'une individualité et le reflet d'une appartenance sociale. Le tissu complexe et parfois chaotique des villes pousse l'architecte contemporain à fuir le superflu pour se concentrer sur l'individu et ses besoins multiples.

De mens voelt een onvermijdelijke, onweerstaanbare en bijna niet uit te leggen aantrekkingskracht tot de massa, tot het moderne, tot machines, kortom alles wat de mens creëert. Zo biedt de stad niet alleen plaats aan onze grootste wensen en verworvenheden, maar ook aan onze grootste uitdagingen en onzekerheden. De voorspelling is dat in de nabije toekomst bijna 80 procent van de wereldbevolking in steden zal wonen of werken. Snelwegen doen dorpen als het ware aan elkaar plakken, die tezamen stedelijke centra gaan vormen. Hoewel de grote steden steeds meer diensten, recreatieplekken, cultuur en vertier bieden, en hoewel een stad niet alleen maar de optelsom is van een grote hoeveelheid woningen, staat vast dat het grootste deel van het stedelijk gebied door huizen, woningen, flatgebouwen, etc. wordt bepaald. Tegelijkertijd zijn we in een uniforme maatschappij voortdurend op zoek naar individualiteit, naar dat behaaglijke nest dat onze persoonlijkheid weerspiegelt. Zo biedt een exclusieve stadswoning zowel privacy als ruimte voor individuele en sociale expressie. In het complexe en soms chaotische netwerk van de steden streeft de hedendaagse architect ernaar boven het gemiddelde uit te stijgen om zich te volledig te richten op het individu en diens behoeften.

House in Las Encinas

Architect: A-Cero

Stone House in Madrid

Built completely of stone, as if it were a fortress of the 21st century, this imposing home is a magnificent mélange of traditional materials and contemporary styles. The design is structured around a large rectangular building placed perpendicular to the street. A series of small projecting rooms, mostly made of glass, create an interesting play of geometric forms.

Steinhaus in Madrid

Dieses imposante Domizil wirkt wie eine Festung des 21. Jahrhunderts. Es ist vollständig aus Stein gebaut und bildet so eine herrliche Symbiose aus traditionellen Materialien und zeitgenössischen Formen. Das Design des Projektes gliedert sich um einen großen rechteckigen Baukörper, der senkrecht zur Straße hin ausgerichtet ist; durch kleine, hauptsächlich verglaste Auskragungen entsteht ein interessantes geometrisches Spiel.

Maison en pierre à Madrid

Entièrement construite en pierre, comme s'il s'agissait d'une forteresse du XXIe siècle, cette imposante résidence est une magnifique symbiose de matériaux traditionnels et de formes contemporaines. Elle est organisée autour d'un grand corps de bâtiment rectangulaire, élevé perpendiculairement à la rue, d'où jaillissent plusieurs petits saillants en grande partie vitrés pour en animer la géométrie.

Stenen huis in Madrid

Dit indrukwekkende, grote huis, dat volledig van steen is gemaakt en lijkt op een 21e-eeuws fort, is een magnifieke symbiose van traditionele materialen en moderne vormen. Het is ontworpen rondom een groot rechthoekig hoofddeel dat loodrecht op de straat staat. De kleine uitbouwen, die voornamelijk van glas zijn gemaakt, zorgen voor een interessant geometrisch spel.

Below and right

The numerous projections give the house a stronger presence and prove that materials as traditional as stone can be used in complex designs.

Unten und rechts

Die vielen Gebäudevorsprünge verleihen dem Baukörper mehr Ausdruckskraft und verdeutlichen, dass man auch traditionelle Materialien wie Stein für komplexe Strukturen verwenden kann.

Ci-dessous et à droite

Les multiples porte-à-faux de cette villa renforcent la présence des volumes imbriqués et prouvent qu'un matériau aussi traditionnel que la pierre peut s'employer dans des architectures complexes.

Onder en rechts

De vele uitspringende delen geven het huis een sterke aanwezigheid en laten zien dat een traditioneel materiaal als steen ook in complexe ontwerpen toegepast kan worden.

Left

The frameless floor-to-ceiling windows strengthen the relationships between the different spaces as well as between the interior and exterior of the house.

Links

Die großen, rahmenlosen Glasoberflächen verstärken die Verbindung der einzelnen Räume miteinander; gleichzeitig wird auch der Dialog zwischen dem Innen- und Außenbereich des Hauses unterstrichen.

À gauche

L'utilisation de grandes surfaces vitrées sans châssis renforce la relation qui s'instaure entre les différents espaces, ainsi qu'entre l'intérieur et l'extérieur de la maison.

Links

Het gebruik van grote glasopper- vlakken zonder kozijnen versterkt de relatie tussen de verschillende ruimten en tussen binnen en bui- ten.

House for a Collector

Architect: Architektur Consult

Residence in Graz

The incline of the property as well as the location of the entryway on the uppermost level determined the structure of this three-story house, in which the ground floor opens onto the garden. The house is L-shaped, with the living room and bedrooms in the longer arm, and the kitchen, bathroom, and pool in the shorter. The many large windows along the façade contrast with the wide panels within, which are used to exhibit large-format paintings.

Domizil in Graz

Maßgeblich für den Bau dieses dreistöckigen Gebäudes war die Neigung des Geländes und der Wunsch des Kunden, dass der Eingang im oberen Bereich des Grundstücks entstehen sollte. Daher gelangt man über das oberste Stockwerk in das Haus. Das Gebäude mündet im Garten, in den man vom Untergeschoss aus gelangt. Der Grundriss des Hauses ist L-förmig: Im längeren Gebäudeteil liegen die Wohnräume; der kürzere Bereich umfasst die Bäder und das Schwimmbecken. Die Paneelen im Innenbereich dienen zur Ausstellung großformatiger Gemälde. Sie kontrastieren mit den riesigen Fenstern der Fassade.

Résidence à Graz

La configuration de cette maison de deux étages, dont l'entrée se trouve au niveau supérieur et qui donne sur le jardin au rez-de-chaussée, a été déterminée par la pente du terrain et l'obligation d'accéder par le haut. La villa est organisée dans un volume en L : le corps de bâtiment le plus long abrite les pièces d'habitation, tandis que le plus court accueille les pièces de service et la piscine. Les baies vitrées découpant les façades jouent sur l'opposition avec les panneaux intérieurs, où sont exposés des tableaux de grand format.

Residentie in Graz

De opzet van dit drie verdiepingen tellende huis wordt bepaald door het hellende perceel en de ingang, die zich op het hoogste deel daarvan bevindt. Vervolgens gaat het naar beneden tot in de tuin, waar de begane grond zich bevindt. Het ontwerp van de woning heeft de vorm van een L. In het lange deel bevinden zich de kamers, in het korte deel de badkamer en het zwembad. De brede ramen in de gevel contrasteren met de enorme panelen binnen in het huis, die worden gebruikt om schilderijen van groot formaat te exposeren.

This house stands out for the numerous skylights and glass façades which provide indirect illumination for the pieces of artwork on display.

Das Gebäude besticht durch die vielen Glasoberflächen und Dachfenster, die für eine indirekte Beleuchtung der ausgestellten Kunstobjekte sorgen.

La maison se distingue par l'importance de ses surfaces vitrées et de ses lucarnes, qui offrent un éclairage indirect aux œuvres d'art exposées.

De woning valt op door de grote glazen oppervlakken en dakramen, die de geëxposeerde kunstwerken op indirecte wijze verlichten.

Left

The main staircase is located at the intersection of the two wings of the L and connects the communal areas with the bedrooms, which are in the lateral wing.

Links

Das Treppenhaus befindet sich zwischen den beiden L-förmig angelegten Baukörpern und verbindet die Gemeinschaftsbereiche mit den Schlafzimmern, die im seitlichen Baukörper situiert sind.

À gauche

L'escalier, placé à l'intersection des deux volumes en forme de L, relie les pièces communes aux chambres, distribuées dans le corps de bâtiment latéral.

Links

De trap ligt in het L-vormige deel tussen de twee volumes en verbindt de gemeenschappelijke zones met de slaapkamers in het zijdeel.

The interior of the house was designed to enhance the artwork, so that no architectural element would overshadow the collection.

Der Innenbereich des Hauses wurde so gestaltet, dass die Kunstobjekte optimal zur Geltung kommen. Kein architektonisches Element beeinträchtigt die Kollektion in ihrer Wirkung.

L'intérieur de la maison a été conçu pour mettre en valeur les œuvres d'art sans qu'aucun élément d'architecture n'éclipse la collection.

Het interieur van dit huis is zo ontworpen dat de kunstwerken goed tot hun recht komen; geen enkel architectonisch element ontneemt de kunstcollectie de hoofdrol.

Kew House

Architect: Jackson Clements Burrows

House in Outer Melbourne

The design of this family house was determined by the peculiarities of its location, at the end of a dead-end street beside an escarpment overlooking an impressive valley. This unique house is laid out from the highest part of the property and takes advantage of the terrain's irregularities. The home is composed of three volumes which rest upon pillars and culminate in an overhanging terrace. The result is a dynamic house with multiple levels which resembles, externally, a set of nested boxes suspended above the landscape.

Haus am Rand von Melbourne

Die Beschaffenheit des Grundstücks war ausschlaggebend für die Bauart dieses Einfamilienhauses. Es befindet sich am Ende einer Einbahnstraße und liegt am Rand eines Abhangs mit beeindruckenden Panoramablicken auf das Tal. Der Entwurf entwickelt sich vom höchsten Punkt des Grundstücks aus, wobei die Unebenheit des Geländes baulich genutzt wurde: Die einzigartige progressive Komposition besteht aus drei auf Pfeiler gestützten Baukörpern, die in einer auskragenden Terrasse münden. Das Ergebnis ist ein Wohnhaus mit dynamischen Räumen und mehreren Ebenen. Von außen wirkt es wie ein Set von schwebenden Schachteln, die man ineinander schieben kann.

Maison dans les environs de Melbourne

Les spécificités du terrain ont conditionné la conception de cette maison de famille qui, située au bout d'une impasse et au bord d'un escarpement, jouit d'impressionnants panoramas sur la vallée. Partant de la partie haute du terrain, et profitant de ses irrégularités, elle se présente comme le déploiement singulier de trois volumes sur colonnes de taille décroissante, s'achevant par une terrasse en porte-à-faux. Il en résulte une succession d'espaces dynamiques et de niveaux multiples qui ressemble extérieurement à un jeu de poupées russes sur pilotis.

Huis nabij Melbourne

De eigenschappen van het perceel hebben het uiterlijk van deze eengezinswoning bepaald. Het huis ligt aan het eind van een doodlopende straat en aan de rand van een helling, met een indrukwekkend uitzicht op de vallei. Het huis staat op het hoogste deel van het perceel. Door gebruik te maken van de niveauverschillen in het terrein, is het huis een opvallend geheel van drie opeenvolgende delen op pilaren geworden die uitkomen op een zwevend terras. Het resultaat binnenin is een huis met dynamische ruimten en verschillende niveaus dat er vanbuiten uitziet als een spel van hangende Chinese dozen.

Left and above

The building becomes an integral part of its surroundings, with which it also establishes a dialogue, through its two-toned sheet-metal façade.

Links und oben

Das Gebäude tritt in einen Dialog mit der Umgebung. Durch die Außenverkleidung aus zweifarbigen Metallplatten wirkt es wie ein Teil der Landschaft.

À gauche et ci-dessus

La maison dialogue avec son environnement et elle se fond dans le paysage grâce à son parement en plaques métalliques bicolores.

Links en boven

Het gebouw gaat de dialoog aan met de omgeving en lijkt deel uit te maken van het landschap dankzij de afwerking van metalen platen in twee kleuren.

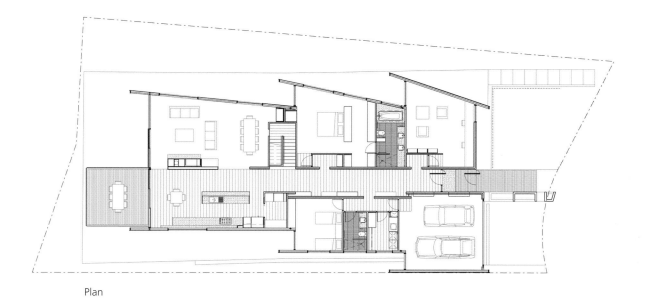

Plan

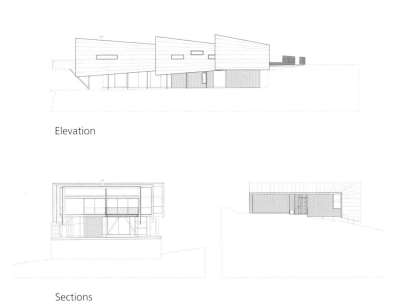

Elevation

Sections

Below and right

The sobriety of the interior space, where white and wood predominate, further emphasizes the unique exterior.

Unten und rechts

Der Innenbereich ist schlicht, es dominieren Weißtöne und Naturholz. Dadurch kommen die einzigartigen Charakteristika des Außenbaus noch mehr zur Geltung.

Ci-dessous et à droite

La sobriété de l'espace intérieur, où prédominent la couleur blanche et le bois, contraste d'autant plus avec les matériaux et l'apparence de l'extérieur de la maison.

Onder en rechts

De soberheid van het interieur, waarin de kleur wit en natuurlijk hout domineren, doet de opvallende eigenschappen van de buitenkant nog beter uitkomen.

House in Llavaneres

Architect: Pich i Aguilera

Mediterranean Cubes

Located on a steep hill overlooking the sea, this house is an interesting contemporary reinterpretation of the traditional Mediterranean home. Built of protruding cube-shaped sections, the rooms are determined by the house's exterior form, creating angular spaces of varying heights. The façades open and close thanks to blinds and metallic latticed windows; the ceramic coating gives the house a stony feel that contrasts with the exuberance of the nearby pine trees.

Mediterrane Kuben

Dieses Haus mit Blick auf das Meer steht auf einem markanten Hügel. Es ist eine interessante moderne Neuinterpretation des mediterranen Hauses. Formgebend sind die auskragenden kubischen Baukörper. Dadurch erhält das Gebäude viele Fassaden, die sich durch Jalousien und Fensterläden öffnen und schließen lassen. Die Wohnräume werden durch das äußere Profil bestimmt. Es entstehen verwinkelte Räume mit unterschiedlicher Höhe. Durch die Keramikverkleidung wirkt die Außenfassade wie aus Stein. Sie bildet einen Kontrast zu den üppigen Kiefern, die auf dem Grundstück stehen.

Maison méditerranéenne en cubes de céramique

Située sur une colline escarpée avec vue sur la mer, cette villa est une intéressante réinterprétation contemporaine de la maison méditerranéenne. Composée de cubes saillants, elle présente des façades multiples derrière lesquelles les pièces offrent des espaces anguleux, de hauteurs de plafond variables, définis par ces volumes extérieurs. Le parement en céramique des façades, qu'animent des persiennes et des jalousies métalliques, donne à la maison un aspect lithique, tel un contrepoint aux arbres de la pinède environnante.

Mediterrane kubussen

Deze woning, die op een steile rots ligt met uitzicht op zee, is een interessante eigentijdse herinterpretatie van het mediterrane huis. Het bestaat uit een aantal verspringende kubussen en valt op door zijn vele gevels, die zich openen en sluiten door middel van metalen rolluiken en jaloezieën. De vorm van de vertrekken wordt bepaald door die van de buitenmuren, waardoor er hoekige ruimten van verschillende hoogten zijn ontstaan. De met aardewerk beklede buitenmuren verlenen het huis een steenachtige uitstraling die contrasteert met de in overvloed aanwezige dennenbomen in de buurt.

Right

The residence adapts to the topography of the terrain in order to take maximum advantage of the view; the façades each face a different cardinal point.

Rechts

Um möglichst viel von der umgebenden Landschaft genießen zu können, sind die einzelnen Baukörper des Gebäudes an die Topographie des Gebäudes angepasst; die Fassaden sind in verschiedene Richtungen ausgerichtet.

À droite

Afin de profiter de la vue sous tous les angles, les volumes composant la résidence suivent la topographie du terrain, avec les façades orientées suivant les quatre points cardinaux.

Rechts

Om optimaal van het uitzicht te kunnen genieten zijn de delen waaruit de woning bestaat aangepast aan de eigenschappen van het perceel; de gevels kijken uit op verschillende belangrijke punten.

Left and below

Large windows that make use of natural light are interspersed with smaller ones that light specific areas in the house.

Links und unten

Für diese Wohnung wurden Fenster und Türen gewählt, die eine maximale Ausnutzung des Tageslichts gewährleisten. In Kombination dazu gibt es kleine Öffnungen, die einen gezielten Lichteinfall im Haus ermöglichen.

À gauche et ci-dessous

Des ouvertures tirant parti de la lumière naturelle sont associées à de petites fenêtres qui éclairent des espaces particuliers de la maison.

Links en onder

In deze woning is gekozen voor een combinatie van grotere openingen om het daglicht binnen te laten met kleinere openingen om specifieke ruimten van het huis te verlichten.

Below

Sliding doors allow for different arrangements of the space, including the ability to separate the living and dining rooms from the kitchen and main entrance.

Unten

Wohn- und Speisezimmer können durch Schiebetüren von der Küche und dem Eingangsbereich getrennt werden. So lässt sich der Raum auf unterschiedliche Weise einteilen.

Ci-dessous

La salle de séjour et la salle à manger peuvent être séparées de la cuisine et du vestibule grâce à des portes coulissantes, qui permettent de configurer l'espace de différentes manières.

Onder

Door middel van schuifdeuren waarmee de ruimte op verschillende manieren vormgegeven kan worden, kunnen de woonkamer en eetkamer gescheiden worden van de keuken en de hal.

Guggenberger House

Architect: ATT Architekten

House on an Estate

Wood and prefabricated reinforced cement panels define the architectural character of this house, which is part of a set of family houses in an urban area located within a Nuremberg park. Since the zoning guidelines stipulate continuing public use of the surrounding parkland, cement walls were used to create a private outdoor patio.

Haus in einer Wohnsiedlung

Holz und vorgefertigte Stahlbeton-Paneele sind charakteristische Merkmale dieses Hauses. Es steht in einer Siedlung von Einfamilienhäusern in einem Nürnberger Park. Auflage für dieses Wohngebiet war eine weitere Nutzung des umliegenden Gebiets durch die Öffentlichkeit. Um trotzdem einen privaten Außenbereich zu erhalten, schuf man in den Mauern des Betongebäudes einen Innenhof.

Maison dans un lotissement

Le bois et des panneaux préfabriqués en béton armé caractérisent l'architecture de cette maison, édifiée dans un lotissement créé dans un parc de Nuremberg. La réglementation de ce quartier exigeant que l'accès du public au parc soit préservé, il a fallu créer un patio intérieur afin d'offrir un espace extérieur privatif aux occupants de la maison.

Huis in een buitenwijk

Hout en geprefabriceerde panelen van gewapend beton bepalen het architectonische karakter van dit huis, dat deel uitmaakt van een groep eengezinswoningen in een buitenwijk in een park in Neurenberg. De bouwvoorschriften voor dit deel van de stad bepalen dat het publieke gebruik van het omliggende terrein behouden moest blijven. Een buitenruimte voor privé-gebruik is gevormd door middel van een ingesloten gelegen patio.

The interior is laid out around a central concrete core which contains the staircase and, on the upper level, a bridge that connects the bedrooms.

In der Mitte des Gebäudes steht ein Baukörper aus Beton. Dieser umfasst die Treppe und eine Brücke, welche die beiden Schlafzimmer im ersten Stockwerk miteinander verbindet.

L'intérieur de la maison s'organise autour du noyau central en béton qui abrite l'escalier et la passerelle reliant les chambres entre elles à l'étage.

Het interieur van het huis is georganiseerd rondom een centrale betonnen kern die de trap herbergt en een brug die de slaapkamers op de eerste verdieping met elkaar verbindt.

Right

The communal areas are located
on the lower floor and arranged in
an L-shape, creating distinct spaces
without using walls.

Rechts

Die Gemeinschaftsbereiche befinden sich im Erdgeschoss und sind
L-förmig angeordnet. Dadurch
werden die einzelnen Räume voneinander abgegrenzt, ohne dass
Trennelemente notwendig wären.

À droite

Les parties communes sont
aménagées au rez-de-chaussée et
distribuées en L, ce qui permet de
distinguer les ambiances sans
recourir à des séparations en dur.

Rechts

De gemeenschappelijke ruimten
bevinden zich op de begane grond
en zijn verdeeld in een L-vorm,
waardoor ze van elkaar gescheiden
zijn zonder dat daar scheidingselementen voor nodig waren.

Above

A small horizontal opening in the kitchen allows light to filter through from a larger window beside the main entryway.

Oben

Eine kleine horizontale Öffnung in der Küche sorgt für den Einfall von Tageslicht, das durch das Fenster neben dem Haupteingang des Gebäudes kommt.

Ci-dessus

La cuisine est éclairée par une fenêtre étroite horizontale donnant sur l'entrée principale de la maison.

Boven

In de keuken komt het licht binnen door een smal en lang raam dat zich naast de hoofdingang van de woning bevindt.

Above

Glass panels enclose one side of the stairway, emphasizing the geometric composition of the riserless wooden steps.

Oben

Glaspaneele begrenzen eine Seite des Treppenhauses. Es entsteht eine freie Sicht auf die geometrische Anordnung der Holzstufen. Diese Treppe hat keine Setzstufen.

Ci-dessus

Les panneaux de verre fermant l'un des côtés de l'escalier permettent d'apprécier le rythme géométrique des marches en bois sans contremarches.

Boven

Het glaspaneel sluit enerzijds één kant van het trappenhuis af en biedt anderzijds zicht op de geometrische vorm van de houten traptreden zonder stootbord.

House Waltl

Architect: Guido Strohecker/FS3 Architekten

House between Others

In order to create a greater sense of space within this house, the three-story building has been separated on one side from the property. The verticality of the design is reflected in the high ceilings and in the way in which hollow space and the different levels relate to one another. The main rooms of the house look out upon the garden, the length of which is emphasized by a long swimming pool and a row of trees.

Haus zwischen Trennmauern

Dieses Haus ist umgeben von Trennmauern. Um dem Gebäude optisch mehr Weite zu verleihen, hat man den dreigeschossigen Baukörper von einer Seite des Grundstücks abgesetzt. Der vertikale Verlauf der Gesamtkonstruktion zeigt sich in der großen Deckenhöhe der Innenräume und in der Relation der Freiflächen und verschiedenen Ebenen zueinander. Ein langes Schwimmbecken und eine Baumreihe betonen die Proportionen des länglichen Gartens. Alle großen Räume sind auf diesen hin ausgerichtet.

Maison mitoyenne

Cette maison en mitoyenneté, élevée sur deux étages, est divisée sur un des côtés du terrain, afin d'offrir l'impression d'un vaste espace intérieur. La verticalité de la composition se reflète dans les grandes hauteurs sous plafond et le jeu entre les vides et les différents niveaux. La piscine toute en longueur et une haie d'arbres soulignent l'axe longitudinal du jardin, point focal vers lequel sont orientées les pièces principales de la maison.

Tussenwoning

Om in dit drie verdiepingen tellende huis een groter gevoel van ruimtelijk-heid te creëren, is het aan één kant van het perceel afgescheiden. De verti-caliteit van de opzet komt terug in de hoge plafonds in de vertrekken en in de manier waarop de openingen en verschillende niveaus met elkaar in ver-binding staan. Een lang zwembad en een bomenrij accentueren het uitge-strekte karakter van de tuin, waarop de belangrijkste vertrekken van het huis uitkijken.

In spite of being in a densely populated area, this house has large windows and a long tree-lined garden.

Rechts

Das Haus steht zwar in einem dicht bebauten Stadtteil, es hat jedoch große Fenster und einen länglichen Garten mit Bäumen.

À droite

Bien qu'elle se trouve dans un quartier à la population dense, cette maison de ville possède de grandes baies vitrées et un jardin en longueur planté d'arbres.

Rechts

Ondanks de dichtbevolkte stedelijke omgeving heeft dit huis zeer grote ramen en een grote tuin met bomen.

The house's two sections are brought together by their glass façades. One section holds the communal areas, laid out across two floors, while the other, an overhang, holds the bedrooms.

Das Gebäude besteht aus zwei Baukörpern, die durch eine Glasstruktur miteinander verbunden sind: in dem einen befinden sich die Gemeinschaftsbereiche, die über zwei Stockwerke verteilt sind. Der andere Baukörper hat einen Gebäudevorsprung und beherbergt die Schlafzimmer.

La maison se compose de deux volumes reliés par une structure vitrée : l'un abrite les pièces communes, réparties sur deux niveaux, et l'autre, en porte-à-faux, accueille les chambres.

Het huis bestaat uit twee delen die met een glazen constructie met elkaar zijn verbonden. Het ene deel bevat verdeeld over twee verdiepingen de gemeenschappelijke vertrekken en in het andere, zwevende, deel bevinden zich de slaapkamers.

House for an Art Collector

Architect: Hariri Pontarini Architects

Residence in the Outskirts of Toronto

This house is well integrated within its natural surroundings thanks to its enormous size (1200 m²/13,000 sq ft) and the careful selection of materials. It houses at one end of its L-shape a gallery with an important collection of art and at the other end a heated swimming pool; the living spaces, designed to take maximum advantage of the view, are located in the central section. The lower level has floor-to-ceiling windows and holds the communal areas, while the upper level is much more closed, thus protecting the privacy of the bedrooms.

Residenz am Stadtrand von Toronto

Sowohl die Wahl der Materialien als auch die enormen Ausmaße dieses Hauses (1200 m²) tragen dazu bei, dass es sich harmonisch in seine natürliche Umgebung einfügt. An den Enden des L-förmigen Gebäudes befinden sich eine Galerie mit einer beachtenswerten Kunstsammlung und ein Thermalbad; in der Mitte liegen die eigentlichen Wohnräume. Bei der Raumaufteilung wurde Wert darauf gelegt, die Aussicht maximal auszunutzen. Im Erdgeschoss sind die Gemeinschaftsräume untergebracht; dieser Bereich ist vollständig verglast. Das obere Stockwerk ist geschlossen, wodurch die Privatsphäre der Räume gewährleistet ist.

Résidence dans les environs de Toronto

Le choix des matériaux comme les vastes proportions (1 200 m²) de cette demeure contribuent à l'intégrer dans son cadre naturel. En forme de L, le bâtiment accueille, à l'une de ses extrémités, une importante collection d'art et à l'autre, une piscine thermale ; le centre est occupé par les pièces d'habitation proprement dites, dont la distribution a été pensée pour offrir le maximum de visibilité sur l'extérieur. Le rez-de-chaussée, où se trouvent les pièces communes, est complètement vitré, tandis que le niveau supérieur, fermé, garantit l'intimité des chambres.

Woning aan de rand van Toronto

Mede door zowel de materiaalkeuze als de gigantische afmetingen (1200 m²) is deze woning geïntegreerd in de natuurlijke omgeving waarin ze zich bevindt. Het huis, dat een L-vorm heeft, herbergt aan de achterkant een galerie met een omvangrijke kunstcollectie en een warmwaterzwembad. Het daadwerkelijke woongedeelte bevindt zich in het midden. De verdeling van de vertrekken is weldoordacht om optimaal van het uitzicht te kunnen profiteren. De begane grond, waar zich de gemeenschappelijke ruimten bevinden, is volledig van glas; de bovenverdieping is juist gesloten om de privacy van de kamers te waarborgen.

The exterior design emphasizes the smooth composition of the façades, with flat blinds on the upper level and floor-to-ceiling windows on the ground floor.

Rechts

Die Außengestaltung des Hauses besticht durch eine gelungene Komposition der Fassade, mit fensterlosen Flächen im ersten Stock und großen Glasflächen im Erdgeschoss.

À droite

L'extérieur de la maison est marqué par l'habile composition des façades, avec une surface plane aveugle à l'étage et de grandes baies vitrées au rez-de-chaussée.

Rechts

Het buitenontwerp van de woning valt op door de doeltreffende opzet van de gevels, met blinde vlakken op de eerste verdieping en grote glasoppervlakken op de begane grond.

Left

On the upper level, the straight lines of the roof are transformed into a slightly curved ceiling which diffuses the light coming through the narrow gallery windows.

Links

Im oberen Stockwerk verwandeln sich die geraden Linien des Daches in eine leicht geschwungene Decke. Durch die schmalen Fenster der Galerie wird das Licht gleichmäßig in die Wohnräume gestreut.

À gauche

À l'étage, la ligne horizontale de la toiture s'incurve légèrement, afin de favoriser l'entrée de la lumière par les étroites fenêtres de la galerie.

Links

Op de bovenverdieping veranderen de rechte lijnen van het dak in een licht gebogen plafond, dat de verspreiding van het licht dat door de kleine ramen van de galerij binnenkomt nog eens versterkt.

Left and below

The interior design echoes the lively elegance of the exterior with an interesting combination of planes, volumes, and heights.

Links und unten

Wie im Außenbereich, so findet sich auch im Interieur eine dynamische und elegante Konstruktion. Auffallend ist das interessante Spiel mit Flächen, Baukörpern und doppelten Raumhöhen.

À gauche et ci-dessous

L'intérieur reprend la composition dynamique et élégante de l'extérieur en jouant intelligemment sur les surfaces planes, les volumes et les grandes hauteurs sous plafond.

Links en onder

In het interieur is de dynamische en elegante opzet van het exterieur behouden gebleven, met een boeiend spel van vlakken, volume en dubbele hoogten.

The isolation and privacy of the house, located in the middle of a one-hectare (2.47 acre) plot, allow for floor-to-ceiling windows around the heated swimming pool and even the bathrooms.

Rechts

Das Gebäude steht auf einem 10000 m² großen Grundstück. Durch diese Abgeschiedenheit und Privatsphäre konnten im Thermalbad und in den Badezimmern große Fenster vom Boden bis zur Decke eingesetzt werden.

À droite

L'isolement de la maison, située au milieu d'un terrain d'un hectare, permet que l'on puisse profiter de la vue depuis la piscine thermale et les salles de bain, grâce à de vastes baies vitrées.

Rechts

Dankzij de geïsoleerde ligging en privacy van deze woning, die zich midden op een perceel van een hectare groot bevindt, konden zowel het warmwaterzwembad als de badkamer worden voorzien van grote ramen die van het plafond tot de vloer reiken.

House in
Barcelona

Architect: Tito Dalmau

The Winged House

Located in an elegant residential neighborhood of Barcelona, this house combines traditional styles with modern materials to create a completely contemporary home. The metal frame serves to lighten the building's visual impact while the glass façade takes advantage of the magnificent views of city and sea. The large wooden eaves – which give this project its name – serve as a terrace while regulating the intensity of the natural light.

La Casa de las Alas – Flügelhaus

In einem eleganten Wohnviertel von Barcelona liegt dieses Haus. Es vereint traditionelle Formen mit einer modernen Gegenständlichkeit. So entstand ein durch und durch moderner Komplex. Die Konstruktion besteht überwiegend aus Metall, wodurch die visuelle Ausdruckskraft des Gebäudes unterstrichen wird. Eine vollständig verglaste Fassade bietet herrliche Ausblicke auf die Stadt und das Meer. Die großen, abstehenden Dachplatten erinnern an Flügel und gaben dem Projekt seinen Namen. Sie werden als Terrassen genutzt und regulieren gleichzeitig den Einfall des Tageslichts.

La maison avec des ailes

Située dans un quartier résidentiel de Barcelone, cette villa associe des matériaux modernes à des formes traditionnelles pour créer un ensemble parfaitement contemporain. La structure utilise essentiellement des profilés métalliques, pour alléger l'impact visuel des volumes, et offre une façade entièrement transparente dévoilant un magnifique panorama sur la ville et la mer. Les balcons-terrasses, aux allures de grandes ailes en bois – d'où le nom du projet –, permettent de filtrer la lumière naturelle.

Het huis met de vleugels

Dit huis dat ligt in een elegante woonwijk in Barcelona, laat traditionele vormen met moderne materialen samenkomen in een eigentijds geheel. De constructie bestaat voornamelijk uit metalen profielen, die het huis er optisch lichter doen uitzien, en een volledig glazen gevel met fantastisch uitzicht op de stad en de zee. De grote houten dakranden zien eruit als vleugels, vandaar de naam 'het huis met de vleugels'. Ze doen dienst als terras en reguleren tegelijkertijd de intensiteit van het daglicht.

The main entrance, located on the highest part of the property, is characterized, like the rest of the house, by the lightness of the materials used as well as the lattices which sift the intense Mediterranean sunlight.

Der Hauseingang befindet sich im oberen Teil des Grundstücks. Dieser Gebäudeteil, wie auch der Rest des Hauses, besticht durch die leichten Materialien und die Jalousien, die das intensive mediterrane Sonnenlicht filtern.

Situé dans la partie haute du terrain, l'accès à la maison est un espace caractérisé, tout comme l'ensemble de ce bâtiment, par la légèreté des matériaux et par les jalousies, qui filtrent l'intense lumière méditerranéenne.

De toegang tot het huis is geplaatst op het hoogste deel van het perceel en is een ruimte die wordt gekenmerkt, evenals de rest van het huis, door lichte materialen en door de jaloezieën die het intense mediterrane zonlicht filteren.

Above

The house is laid out traditionally: the living room, dining room, kitchen, and shared facilities are on the ground floor; the bedrooms are on the upper levels.

Oben

Das Haus hat eine traditionelle Raumaufteilung: Wohn- und Esszimmer sowie Küche und Funktionsbereiche befinden sich im Erdgeschoss; die Schlafzimmer wurden in den oberen Stockwerken untergebracht.

Ci-dessus

La distribution de la maison est traditionnelle : la salle de séjour, la cuisine et les pièces de service occupent le rez-de-chaussée, tandis que les chambres sont aménagées à l'étage.

Boven

De indeling van de woning is traditioneel: de woonkamer, eetkamer, keuken en de functionele ruimten bevinden zich op de begane grond en de slaapkamers liggen op de bovenverdiepingen.

Above

The large windows and the visibility of the house's frame create clear and contemporary spaces that take the most advantage of natural light.

Oben

Die großen Fenster und die Zimmerdecken mit der sichtbaren Tragekonstruktion schaffen transparente, moderne Räume und sorgen für eine maximale Ausnutzung des natürlichen Lichts.

Ci-dessus

Les grandes fenêtres et la structure visible créent des espaces intérieurs contemporains et ouverts permettant de profiter au maximum de la lumière naturelle.

Boven

De enorme ramen en de plafonds die de erachter liggende constructie bedekken, zorgen voor lichte en modern aandoende ruimten waarin optimaal van het invallende daglicht wordt geprofiteerd.

Castor Packard House

Architect: Callas Shortridge

House in Portola Valley

This house is located in a neighborhood urbanized in the 50s and characterized by its manicured appearance, the great distance between buildings, and the numerous pedestrian zones. This residence attempts to reconcile a respect for the past with contemporary ideas. The house is organized onto two levels: the communal areas on the ground floor and the more private rooms on the upper level, which is oriented transversally with respect to the lower level in order to take advantage of the view.

Haus in Portola Valley

Dieses Domizil steht in einem Viertel, das in den 1950er Jahren entstand. Charakteristisch für die Gegend sind die gepflegte Umgebung, reichlich Platz zwischen den einzelnen Bauten und viele Fußgängerzonen. Bei der Konstruktion des Hauses sollte der in der Umgebung vorherrschende 50er-Jahre-Stil mit zeitgenössischen Ideen in Einklang gebracht werden. Das Gebäude erstreckt sich über zwei Ebenen: Der öffentliche Bereich befindet sich im Erdgeschoss, die Privaträume sind im Obergeschoss angesiedelt. Um eine optimale Aussicht zu gewährleisten, wurde das Gebäude quer auf das Grundstück gebaut.

Maison dans la Portola Valley

L'architecture de cette demeure – située dans un quartier urbanisé dans les années 50, qui se caractérise par un environnement élégant, de vastes espaces entre les maisons et de nombreuses zones piétonnes – tente de concilier respect pour le passé et idées contemporaines. L'habitation s'organise sur deux niveaux : les pièces de vie commune au rez-de-chaussée, et les appartements privés à l'étage, orienté transversalement par rapport au terrain, pour bénéficier de vues agréables.

Woning in Portola Valley

In deze woning – gelegen in een woonwijk uit de jaren 1950 die wordt gekenmerkt door een verzorgde omgeving, voldoende afstand tussen de bebouwing en talrijke voetgangerszones – heeft men geprobeerd respect voor het verleden te combineren met hedendaagse inzichten. Het huis heeft twee niveaus: de gemeenschappelijke vertrekken op de begane grond en de privévertrekken op de bovenverdieping die overdwars op het perceel ligt en een optimaal uitzicht biedt.

Right

Light metal frames close the gaps
between a series of longitudinal
walls, which support the upper
level, covered in wood slats.

Rechts

Das Obergeschoss ist mit Holzlamellen verkleidet. Die Tragkon-
struktion besteht aus länglichen
Mauern, die von einem leichten
Metallgerüst gestützt werden.

À droite

Une série de parois longitudinales,
fermées par de légères structures
métalliques, supporte le niveau
supérieur, à vêtage en lames de
bois.

Rechts

Enkele lange muren, die zijn
afgesloten met een lichte metalen
constructie, dragen de bovenverdieping die is voorzien van houten
latwerk.

Left and below

The color scheme, which differentiates the vertical elements from the horizontal, enlivens the rigorous geometry of the house.

Links und unten

Die vertikalen und horizontalen Elemente sind farblich voneinander getrennt. Die Farbe belebt außerdem die strikten geometrischen Formen des Hauses.

À gauche et ci-dessous

La couleur, qui distingue les éléments verticaux des éléments horizontaux, dynamise la rigoureuse géométrie de la maison.

Links en onder

Verschillende kleuren onderscheiden de verticale en horizontale elementen van elkaar en geven de strenge geometrie van het huis dynamiek.

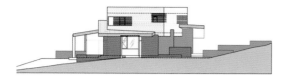

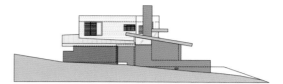

Elevations

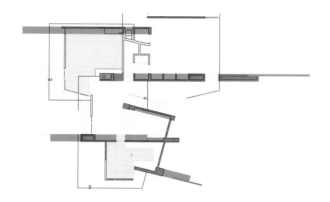

Ground floor

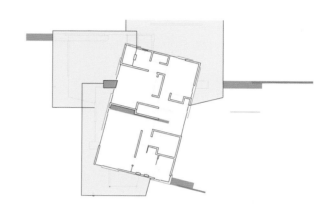

Second floor

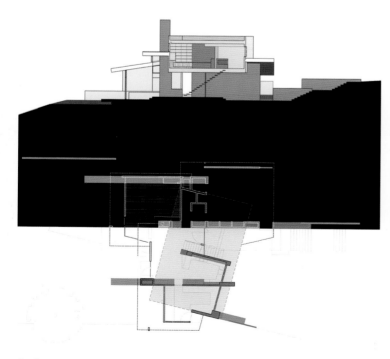
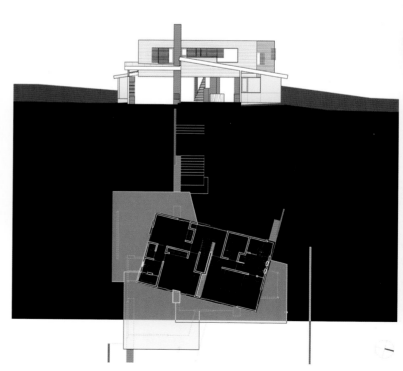

Sections

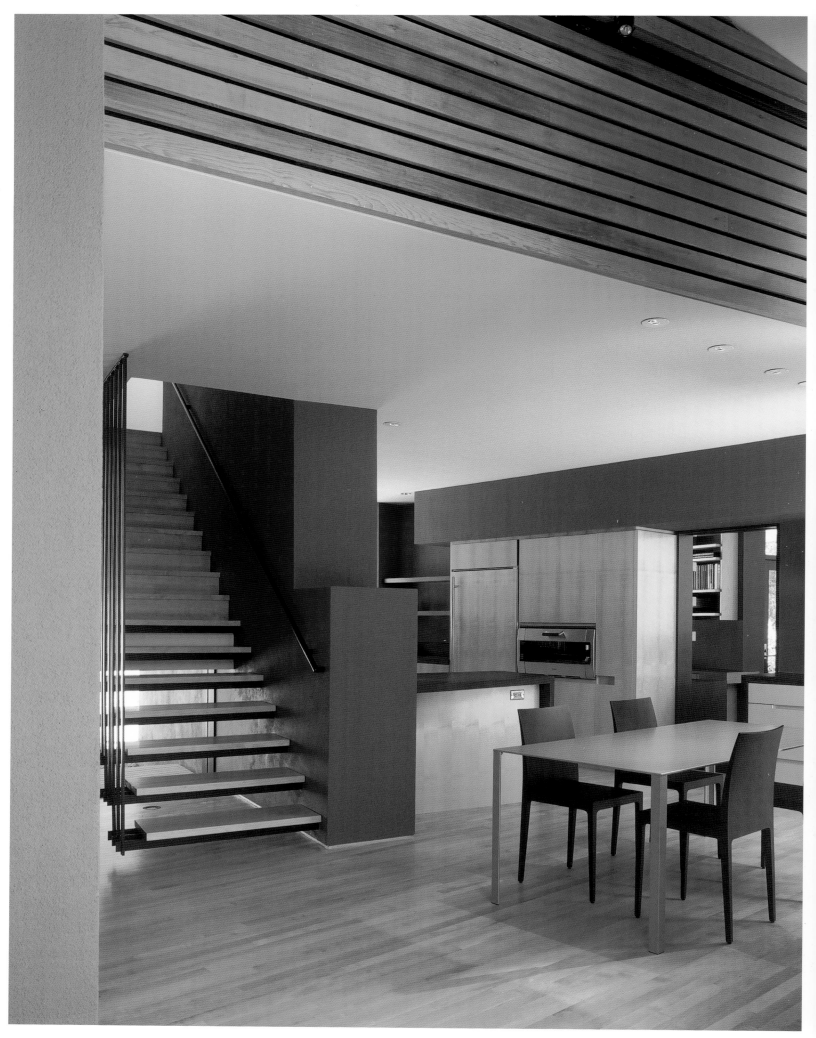

City Hill House

Architect: John Wardle Architects

Residence in Melbourne

This house is located on a raised piece of land, thus providing vast views of the city on one side and views of the surrounding suburbs on the other. The house, with its light and lively appearance, is constructed with a metal and wood frame. This structure serves to frame the light paneling which filters the natural light. Two glass façades overlook the surrounding area.

Residenz in Melbourne

Dieses Gebäude steht auf einer Anhöhe, die zur einen Seite weite Panoramablicke bietet und auf der anderen Seite Ausblicke auf die nahe gelegenen Vororte. Formgebend für das leicht und dynamisch wirkende Volumen ist eine Struktur aus Metall und Holz. Diese bildet den Rahmen für die sehr leichten Verkleidungen, welche das Tageslicht filtern. Zwei verglaste Fassaden bieten freie Sicht auf die Landschaft.

Résidence à Melbourne

Cette demeure est édifiée sur un terrain élevé qui offre, d'un côté, un panorama étendu sur la ville et, de l'autre, sur les proches banlieues. Sa structure en métal et bois, recouverte de parements légers (de cuivre d'une part et de verre d'autre part) filtrant la lumière naturelle, au niveau supérieur, lui confère légèreté et dynamisme. Deux façades entièrement vitrées permettent de profiter du paysage.

Villa in Melbourne

Deze woning staat op een hoger gelegen terrein met aan één zijde een panoramisch uitzicht over de stad en aan de andere zijde over de nabijgelegen voorsteden. Het lichte, dynamische huis wordt gevormd door een skelet van metaal en hout en is afgewerkt met zeer lichte materialen die het daglicht filteren. Twee volledig glazen gevels zorgen ervoor, dat optimaal van het landschap kan worden genoten.

The house is made up of two volumes, one of which is curved while the other, which holds the shared facilities, is shaped like a parallelepiped. The two are separated by a two-story high corridor.

Rechts

Das Gebäude besteht aus zwei Volumina – einem geschwungenen Baukörper und einem Parallelepipedon, in dem der Servicebereich untergebracht ist. Die beiden Baukörper sind durch einen Flur mit doppelter Raumhöhe getrennt.

À droite

La maison se compose de deux volumes – l'un incurvé, l'autre parallélépipédique, qui abrite les pièces de service –, séparés par un couloir de double hauteur.

Rechts

De woning bestaat uit twee delen – een deel met ronde muren en een deel in blokvorm, waar zich de gebruiksruimten bevinden. De delen zijn van elkaar gescheiden door een gang van dubbele hoogte.

Below and right

The structure, covered in copper plating, is supported by a concrete base which also holds the swimming pool, garage, cellar, and access ramp.

Unten und rechts

Ein mit Kupferplatten verkleidetes Gerüst ruht auf einem Betonfundament. Dieses umfasst auch den Swimmingpool, die Garage, einen Weinkeller und die Auffahrt.

Ci-dessous et à droite

La structure, revêtue de plaques de cuivre, repose sur un socle en béton où sont aménagés la piscine, le garage, une cave et la rampe d'accès à la maison.

Onder en rechts

De constructie die is afgewerkt met koperen platen, steunt op een fundering van beton die plaats biedt aan het zwembad, de garage, een wijnkelder en een oprit.

Right

Thanks to its large glass façade, the vast city views can be enjoyed from the living room.

Rechts

Das Wohnzimmer schließt mit einer großen Glasfassade ab. Von hier aus hat man einen fantastischen Blick auf die Stadt.

À droite

La grande façade vitrée de la salle de séjour permet de profiter d'un vaste panorama sur la ville.

Rechts

Door de glazen gevel die de woonkamer afsluit, kan ver over de stad uitgekeken worden.

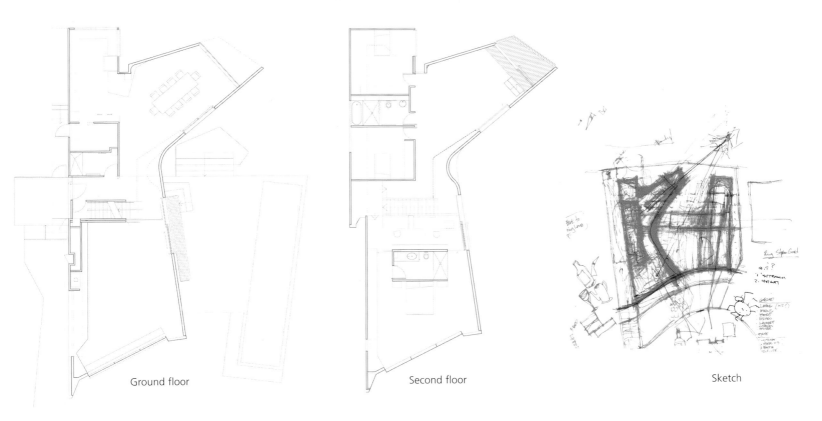

Ground floor

Second floor

Sketch

Gama-Issa House

Architect: Marcio Kogan

White Cube

São Paulo is, according to the architect, perhaps the ugliest city in the world – a concrete jungle where chaos and disorder reign. Thus this house avoids establishing any sort of dialogue with its neighborhood. The large white building creates an inner landscape of two-story-high rooms ending in a long swimming pool and a manicured garden, two symmetrical marble staircases and rooms that are, by and large, sophisticated, elegant, and minimalistic.

Weißer Kubus

Der Architekt dieses Gebäudes hält São Paulo für die vielleicht hässlichste Stadt der Welt; für einen großen städtischen Komplex, in dem Chaos und Unordnung regieren. Daher wurde es bei diesem Gebäude vermieden, einen Dialog mit dem Viertel aufzubauen. Der große weiße Baukörper umfasst die weiten Räume mit doppelter Raumhöhe sowie zwei symmetrische Marmortreppen. Ein langer Swimmingpool und ein gepflegter Garten sind an das Gebäude angeschlossen. Der Gesamtkomplex ist eine perfekt gestaltete, elegante und minimalistische Einheit.

Un cube blanc

Pour l'architecte de cette maison, São Paulo est probablement la ville la moins belle du monde ; un grand complexe urbain où règnent le chaos et le désordre. C'est la raison pour laquelle cette demeure ne s'inscrit pas dans la continuité esthétique de son quartier. Ce grand volume blanc crée son propre paysage intérieur par de grands espaces de double hauteur, fermés par une piscine longue et étroite et un jardin raffiné, deux escaliers symétriques en marbre et des pièces tout à la fois élégantes et minimalistes.

Witte kubus

Volgens de architect is São Paulo misschien wel de mooiste stad van de wereld; een groot stedelijk complex waarin chaos en wanorde heersen. Om die reden is ervoor gekozen dit project niet aan te passen aan de wijk. Een groot wit bouwlichaam vormt een binnenlandschap van grote vertrekken van dubbele hoogte, afgerond met een lang zwembad, een verzorgde tuin, twee symmetrische marmeren trappen en verfijnde, elegante en minimalistische vertrekken.

Right

This house is a perfect example of the city's private residential architecture: a white wall isolates the property from its urban context.

Rechts

Dieses Haus ist ein typisches Beispiel für urbane Wohnhausarchitektur: Eine weiße Begrenzungsmauer trennt das Grundstück von seiner städtischen Umgebung.

À droite

Avec son mur périphérique blanc qui l'isole du contexte urbain, cette maison représente un exemple de l'architecture résidentielle en ville.

Rechts

Het huis is een duidelijk voorbeeld van stedelijke woningarchitectuur: een witte muur schermt de woning af van de stedelijke omgeving.

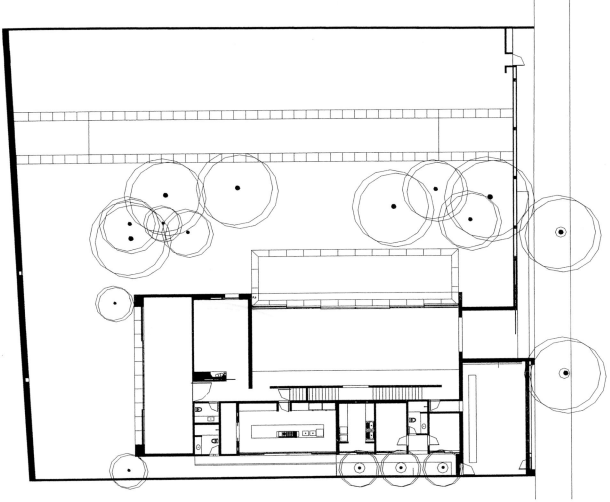

Ground floor

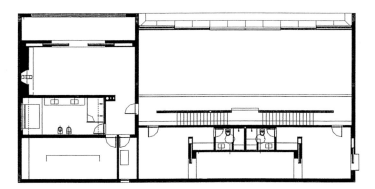

Second floor

Left and below

One of the most outstanding aspects of the two-story-high living room is the way in which the bookcases reach the ceiling, parallel to the floor-to-ceiling windows which overlook the garden.

Links und unten

Das Wohnzimmer hat eine Fensterfront und öffnet sich zum Garten hin. Eines der beeindruckendsten Elemente des Raumes ist ein Regal, das sich über die gesamte Wand doppelter Raumhöhe erstreckt.

À gauche et ci-dessous

Le rayonnage qui occupe toute la cloison est un des éléments les plus caractéristiques de la salle de séjour, fermée par une immense baie vitrée donnant sur le jardin.

Links en onder

Een van de meest in het oog springende aspecten van de woonkamer met zijn vele ramen met uitzicht op de tuin zijn de plankenkasten die een hele wand van dubbele hoogte beslaan.

Below and right

The kitchen and the more private rooms, arranged in an L-shape, curve around the two-story-high living room.

Unten und rechts

Die Küche und die Privaträume sind L-förmig angeordnet. In der Mitte liegt das Wohnzimmer mit doppelter Raumhöhe.

Ci-dessous et à droite

La cuisine ainsi que les espaces privés, disposés en forme de L, surplombent la salle de séjour.

Onder en rechts

De keuken en enkele privé-vertrekken liggen in L-vorm rondom de woonkamer van dubbele hoogte.

CH House

Architect: Baas Arquitectes

Prism House

The long and thin shape of the property determined the layout of this house, which is characterized by the many interesting apertures on its façade. The western wing, which holds the living room, dining room, study, and a balcony on the upper level, stands out for its recessed glass façade, which creates a unique covered terrace. The fluidity of the flooring serves to create consistent and lively spaces which interrelate in a surprisingly natural way.

Prismahaus

Das längliche und schmale Grundstück bestimmte die Form dieses Hauses. Auffällig ist das interessante Spiel mit den Öffnungen in der Fassade. Auf der Westseite liegen das Wohn- und Esszimmer sowie das Büro; im oberen Stockwerk befindet sich ein Balkon. Ungewöhnlich ist auch die zurückgesetzte Glasfassade, durch die man auf eine originelle überdachte Terrasse gelangt. Der durchgehende Bodenbelag sorgt für fließende und dynamische Räume, die optisch gut miteinander harmonieren.

Maison prisme

Le terrain, long et étroit, a déterminé le plan de cette maison, qui se caractérise par un intéressant jeu d'ouvertures en façade. Le côté ouest, occupé par le salon, la salle à manger et un atelier, et surplombé par un balcon à l'étage, montre une façade en verre placée en retrait pour créer une originale terrasse couverte. La continuité dans le revêtement des sols définit des espaces fluides et dynamiques, reliés entre eux de manière étonnamment naturelle.

Prismahuis

Het lange en smalle perceel bepaalde de vorm van dit huis, dat wordt gekenmerkt door een interessant spel van openingen in de gevel. Aan de westkant – waar de woonkamer, de eetkamer en de studio en op de bovenverdieping een balkon zijn – valt de inspringende glazen gevel op, waar zich een overdekt terras bevindt. De uniformiteit van de vloeren creëert een vloeiende en dynamische overgang tussen de vertrekken, die op verrassend natuurlijke wijze met elkaar in verbinding staan.

Right

The recessed façade protects the western wing from overexposure to sun and creates a unique terrace, which can be closed with a curtain.

Rechts

Um den Westflügel vor zu viel Sonnenlicht zu schützen, wurde die Fassade nach hinten versetzt. So entstand eine außergewöhnliche Terrasse, die sich mit einem Vorhang schließen lässt.

À droite

La façade ouest de la maison est aménagée en retrait pour lui éviter une trop grande exposition au soleil. Cela a permis, en outre, de créer une terrasse couverte, qu'un rideau peut enclore.

Rechts

Om de westkant van het huis te beschermen tegen overmatig zonlicht springt de gevel een stuk in, waardoor er een bijzonder terras ontstaat dat afgesloten kan worden.

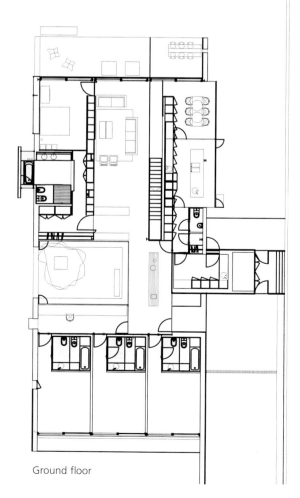

Ground floor

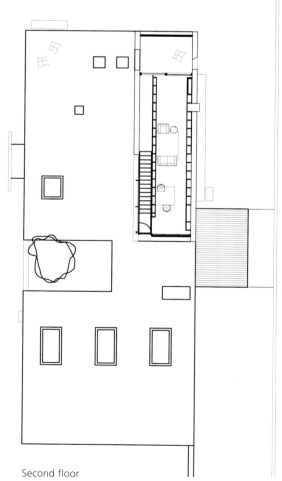

Second floor

Left

The centrally situated inner patio divides the house into two clearly defined areas: in one the bedrooms and in the other the communal spaces and shared facilities.

Links

Der Innenhof befindet sich in der Mitte des Hauses. Er unterteilt das Gebäude in zwei klar definierte Bereiche: einer beherbergt die Schlafzimmer, der andere die Gemeinschaftsbereiche und die Bäder.

À gauche

Le patio, aménagé au centre de la maison, divise l'espace en deux zones bien définies : l'une abrite les chambres, et l'autre les pièces de vie commune et de service.

Links

De patio midden in het huis verdeelt de ruimte in twee duidelijk gedefinieerde zones: een met de slaapkamers en de andere met de gemeenschappelijke vertrekken en de badkamer.

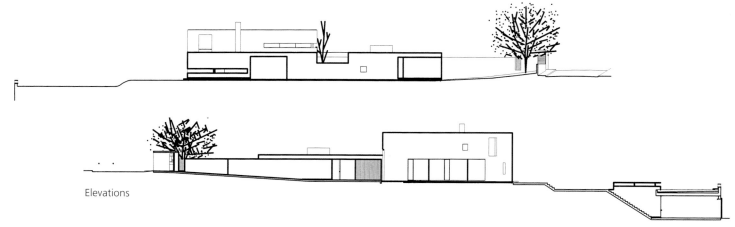

Elevations

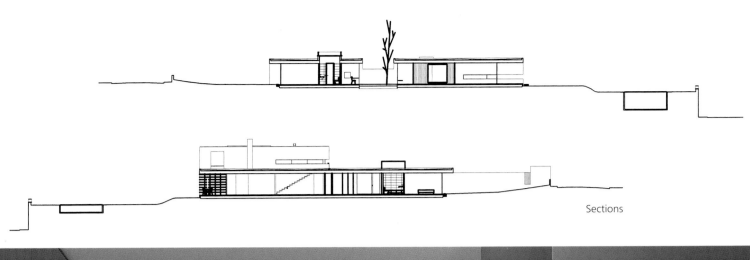

Sections

Above and right

This house's cardinal feature is the abundance of natural light, which flows through numerous apertures: glass, skylights, and floor-to-ceiling windows.

Oben und rechts

Besonders auffällig ist der Lichteinfall durch die vielen Öffnungen des Hauses: Fenster, Dachfenster und Glasfassaden.

Ci-dessus et à droite

La caractéristique essentielle de cette villa est l'abondance de lumière, qui filtre à travers les nombreuses ouvertures : carreaux de verre, lucarnes et vastes baies vitrées.

Boven en rechts

Een opvallend kenmerk van het huis zijn de vele ramen en lichtkoepels waardoor een grote hoeveelheid licht naar binnen kan vallen.

Sistek Residence

Architect: Felipe Assadi

Residence in Santiago, Chile

The design of this city house responds to the irregularity and orientation of the terrain. This home is spread out over two levels, one of which holds the garden and swimming pool while the other holds the house itself, in which the communal areas are on the ground floor and the bedrooms are on the upper level. The house spreads out lengthwise with large windows that take advantage of the natural light. The exposed concrete, steel, and glass of the frame emphasize the house's formal simplicity.

Residenz in Santiago de Chile

Mit der Gestaltung dieses Hauses in einer Wohnsiedlung fand man eine bauliche Lösung für das unebene Gelände und die Ausrichtung des Grundstücks. Es wurden zwei Ebenen geschaffen; auf der einen legte man den Garten mit dem Swimmingpool an, auf der anderen wurde das Wohngebäude errichtet. Im Erdgeschoss des Domizils befinden sich die Tagesräume, im ersten Stock die Schlafzimmer. Das Gebäude hat einen länglichen Verlauf mit vielen großen Fenstern, wodurch das Tageslicht gut genutzt werden kann. Die Struktur aus Sichtbeton, Stahl und Glas hebt die formale Schlichtheit des Gebäudes hervor.

Résidence à Santiago du Chili

La conception de cette demeure, située dans une zone urbanisée, répond à l'irrégularité du terrain et à son orientation. Le terrassement sur deux niveaux est occupé respectivement par le jardin et la piscine, et par l'habitation proprement dite, dont le rez-de-chaussée abrite les pièces de vie commune et l'étage, les chambres. La maison se développe sur la longueur, avec de vastes baies vitrées laissant pénétrer la lumière naturelle. La structure de béton, d'acier et de verre apparents souligne sa simplicité formelle.

Villa in Santiago de Chile

Het ontwerp van dit huis in een buitenwijk is aangepast aan het onregelmatige terrein en de ligging van het perceel. Twee in het perceel gegraven niveaus bieden plaats aan respectievelijk de tuin, het zwembad en de woning zelf. Hierin bevinden zich de gemeenschappelijke vertrekken op de begane grond en de slaapkamers op de eerste verdieping. Het huis is langgerekt en heeft grote ramen om het daglicht binnen te laten. De constructie van beton, staal en glas accentueert de formele eenvoud van de woning.

Below

An enormous revolving glass door
connects the living room to a large
wooden partially enclosed terrace.

Unten

Das Wohnzimmer öffnet sich über
eine Fensterfront mit einer riesigen
gläsernen Drehtür zu einer großen
Holzterrasse.

Ci-dessous

Partiellement fermée par une
énorme porte tournante en verre,
la salle de séjour se prolonge à
l'extérieur par une grande terrasse
en bois.

Onder

De woonkamer is met een groot
houten terras verbonden dat deels
wordt afgesloten door een enorme
glazen draaideur.

Below

Skylights, high windows, and holes in the concrete of the façade provide natural light in the bathroom and other private rooms.

Unten

Für die natürliche Beleuchtung der Privaträume wie etwa des Bade-zimmers wurden Dachfenster und Oberlichter eingesetzt. Es entstan-den auch originelle Öffnungen in der Betonfassade.

Ci-dessous

L'éclairage des espaces privés, comme la salle de bain, est réalisé grâce à des lucarnes, des fenêtres hautes et, plus originalement, de simples trous percés dans la façade en béton.

Onder

De verlichting van de privé-vertrek-ken, zoals de badkamer, is opge-lost met dakramen, hoge ramen en een paar originele openingen in de betonnen gevel.

Left and below

The simplicity of the interior design, which uses wood, steel, and exposed concrete, enhances the quality of the space and emphasizes the meticulous composition of the house's different elements.

Links und unten

Für das Interieur wurden einfache Materialien verwendetet: Holz, Stahl und Sichtbeton unterstreichen die Raumqualität und betonen auch die detaillierte Gestaltung der einzelnen Hauselemente.

À gauche et ci-dessous

La décoration intérieure, où bois, acier et béton apparents mettent l'espace en valeur et soulignent le soin apporté à la conception des différents éléments de la maison, est d'une extrême simplicité.

Links en onder

De afwerking van het interieur is eenvoudig: hout, staal en zichtbaar beton vestigen de aandacht op de kwaliteiten van de ruimte en het weldoordachte ontwerp van de verschillende elementen van het huis.

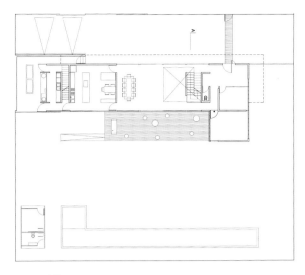

Ground floor

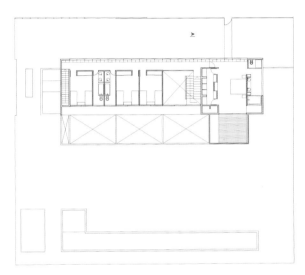

Second floor

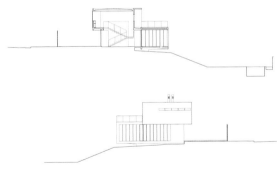

Sections

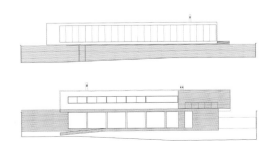

Elevations

Cliff Residence

Architect: Van der Merwe Architects

Residence in Cape Town

This long high house is located on an elongated piece of property with a 45° slope. The house is oriented parallel to the perimeter of the plot in order to minimize the amount of excavation. The construction, simple and light, sits atop a concrete foundation which is recessed with respect to the main building. Inside, the rooms have been arranged to take advantage of the view. The day rooms are on the upper levels.

Residenz in Kapstadt

Dieses hohe und schmale Haus befindet sich auf einem länglichen Grundstück mit einem Steigungswinkel von 45 Grad. Um möglichst wenig Erde ausheben zu müssen, platzierte man es parallel zu der Parzelle. Das schlichte, leichte Bauwerk steht auf einem soliden, nach hinten versetzten Betonfundament. Die Räume im Innenbereich sind so angeordnet, dass man die Aussicht optimal genießen kann. Die Tagesbereiche befinden sich im Obergeschoss.

Résidence à Cape Town

Cette maison haute et étroite, qui occupe un terrain allongé, est orientée perpendiculairement à la pente de 45° pour réduire l'excavation. Le bâtiment, de composition simple et légère, est supporté par un bloc de béton en retrait du volume principal. À l'intérieur, les espaces sont répartis de manière à profiter au maximum de la vue sous tous les angles. Les pièces de jour sont aménagées dans les étages.

Villa in Kaapstad

Dit hoge en smalle huis ligt op een langgerekt perceel met een helling van 45°, parallel aan de grenzen van het perceel om de uitgraving in de helling tot een minimum te beperken. Het pand heeft een eenvoudige en lichte opzet en rust op een solide betonnen fundering die ten opzichte van het hoofddeel van het huis iets inspringt. De binnenvertrekken zijn zo ingedeeld dat optimaal van het uitzicht genoten kan worden. De vertrekken voor overdag zijn op de bovenverdiepingen gesitueerd.

Above	*Oben*	*Ci-dessus*	*Boven*
The house's three floors open onto small balconies. Shutters along the rear façade protect the windows and regulate the intensity of the natural light.	Von den drei Stockwerken des Hauses gehen kleine Balkone ab. Durch die Fensterläden auf der rückwärtigen Fassade lässt sich der Einfall des Tageslichts kontrollieren.	Les trois niveaux de la maison sont agrémentés de petits balcons. Toutes les fenêtres de la façade arrière sont protégées par des volets permettant de régler l'intensité de la lumière naturelle.	De vertrekken aan de voorzijde van het huis hebben kleine balkons. Alle ramen van de achtergevel worden afgeschermd door luiken waarmee de lichtinval geregeld kan worden.

Above

The project preserved the surrounding plant life in order to ensure a certain level of privacy while taking advantage of the city view.

Oben

Bei dem Bauprojekt wollte man die Natur als Sichtschutz weitestgehend erhalten. Gleichzeitig sollte das Gebäude eine optimale Aussicht auf die Stadt bieten.

Ci-dessus

Le projet devait à la fois conserver la végétation existante pour préserver l'intimité des occupants et profiter au maximum des vues sur la ville.

Boven

Bij de bouw moest de bestaande begroeiing ter wille van de privacy behouden blijven en het huis moest tegelijkertijd optimaal uitzicht op de stad bieden.

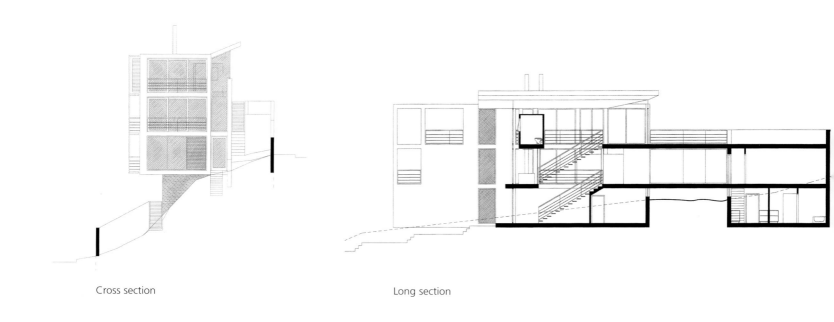

Cross section   Long section

The main entryway on the first floor leads to the living room – dominated by a large fireplace – as well as the kitchen and dining room.

Von der Straße aus gelangt man über den ersten Stock in das Wohnzimmer, in dessen Mitte sich ein großer Kamin befindet. Weiter geht der Raum in die Küche und das Esszimmer über.

L'accès depuis la rue se fait par le premier étage et donne sur la salle de séjour, dominée par une grande cheminée, la cuisine et la salle à manger.

De ingang vanaf de straat bevindt zich op de eerste verdieping en biedt tevens toegang tot de eetkamer, keuken en de woonkamer waarin zich een grote haard bevindt.

Residence
in Valldoreix

Interior design by the owner

House in Barcelona

A priority in the design of this simple and austere family house was communication, not only between the different rooms but also between the house and its environment. The stone-covered ground floor articulates along a peripheral wall. Two projecting parallelepipeds, which hold the bedrooms, are placed transversally atop the ground floor. They are separated by a large two-story-high window.

Domizil in Barcelona

Das Besondere an diesem Einfamilienhaus sind seine schlichten und nüchternen Formen. Das Hauptaugenmerk legte man auf den Bezug zum Außenbereich und die Verbindung zwischen den einzelnen Räumen. Der Grundriss ist von einer Begrenzungsmauer umfasst; ihrer Richtung folgend ist das Erdgeschoss als steinverkleideter Baukörper platziert. Quer darüber wurden zwei vorstehende Parallelepipeden gebaut, die durch ein großes Fenster mit doppelter Raumhöhe getrennt werden. Hier befinden sich die Schlafzimmer.

Maison à Barcelone

Pour cette maison de famille, aux formes simples et austères, l'architecte a mis l'accent sur la communication des différents espaces entre eux et leur relation avec l'extérieur. Le plan s'articule à partir d'un mur d'enceinte le long duquel s'organise le rez-de-chaussée, aux murs à parement de pierre. Au-dessus sont posés, en léger porte-à-faux et transversalement, deux parallélépipèdes, séparés par une baie vitrée de double hauteur, où sont aménagées les chambres.

Woning in Barcelona

In deze eengezinswoning met eenvoudige en sobere vormen is voorrang gegeven aan de relatie met buiten boven die tussen de verschillende ruimten. In het ontwerp wordt een muur gekoppeld aan twee stenen delen waarin de begane grond is geherbergd. Daarbovenop bevinden zich overdwars twee blokken – van elkaar gescheiden door een zeer groot raam van dubbele hoogte – die de slaapkamers bevatten.

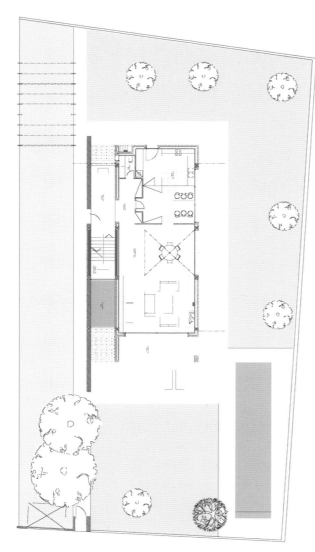

Ground floor

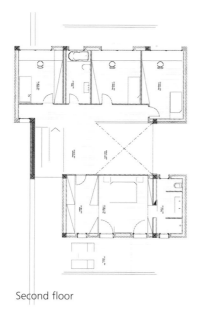

Second floor

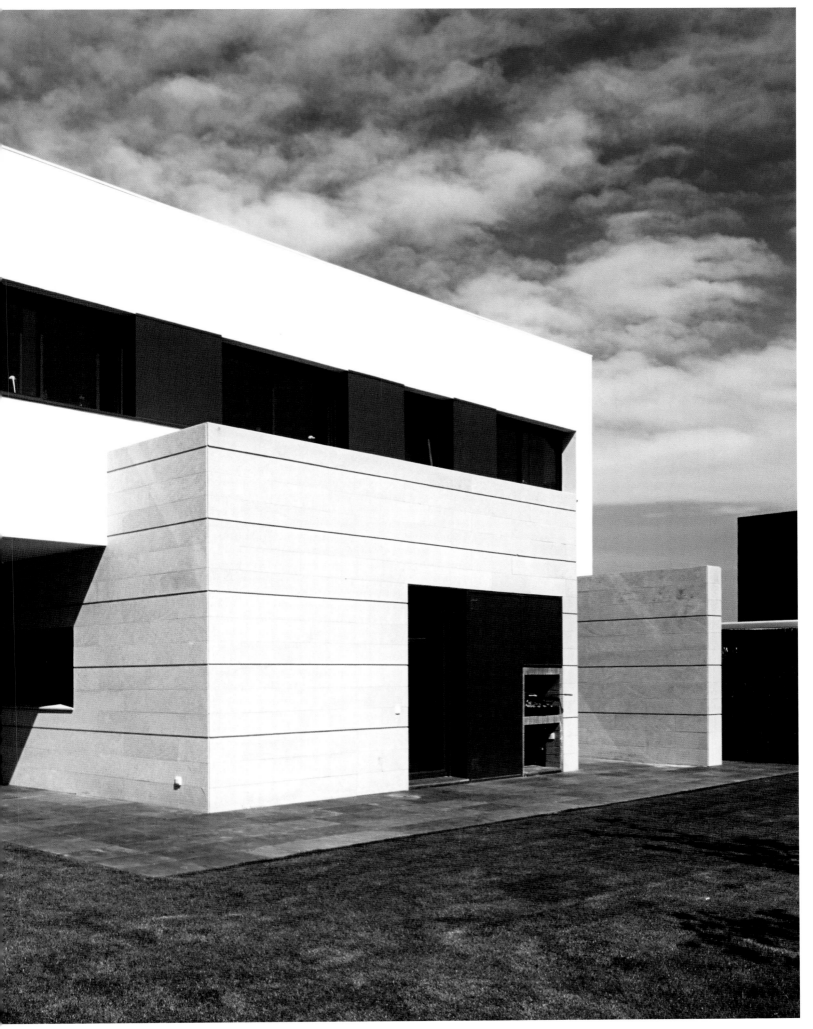

Above

The ground floor holds the day
rooms, which are separated from
the main entrance by a wall and
the stairway which leans against it.

Oben

Im Erdgeschoss sind die Tagesbereiche untergebracht. Sie sind vom
eigentlichen Wohnhaus durch eine
Wand getrennt, an der auch die
Treppe liegt.

Ci-dessus

Le rez-de-chaussée accueille les
pièces de vie commune, séparées
de l'entrée de la maison par un
mur contre lequel s'appuie
l'escalier.

Boven

Op de begane grond bevinden
zich de ruimten voor overdag. Een
muur waarop de trap leunt,
scheidt deze vertrekken van de
ingang van de woning.

Above

Floor-to-ceiling windows connect the garden to the two-story-high dining room, which is located between the kitchen and living room.

Oben

Die Küche und das Wohnzimmer sind durch das Esszimmer getrennt. Dieses befindet sich in der Mitte des Hauses und hat eine doppelte Raumhöhe. Durch das große Fenster kann man in den Garten sehen.

Ci-dessus

La cuisine et la salle de séjour sont séparées par la salle à manger, située dans un espace de double hauteur au centre de la maison, dont la grande baie vitrée donne sur le jardin.

Boven

De keuken en de woonkamer zijn afgescheiden van de eetkamer, die zich midden in het huis in een vertrek van dubbele hoogte bevindt. Een enorm raam biedt uitzicht op de tuin.

Elevations

Elevations

On the upper level two transversal volumes, which hold the bedrooms, are connected by a footbridge that also separates the dining room from the stairs.

In den beiden quer angelegten Volumina des Obergeschosses befinden sich die Schlafzimmer. Sie sind durch einen Gang verbunden, der wiederum das Esszimmer vom Treppenhaus trennt.

À l'étage, les deux volumes transversaux qui abritent les chambres sont reliés entre eux par une passerelle, qui sépare la salle à manger de l'escalier.

Op de bovenverdieping worden de twee dwarsgelegen blokken die de slaapkamers herbergen met elkaar verbonden door een loopbrug, die tegelijkertijd de eetkamer van de trap scheidt.

Electra House

Architect: David Adjaye

Black Box in Whitechapel

This project consisted in remodeling an old factory in an eclectic London neighborhood and turning it into a small urban house. The architect preserved the preexisting foundation and outer walls, and constructed an interior metal frame which holds a loft for the bedrooms. The main façade is covered in plywood panels painted with black resin, creating an interesting contrast with the surrounding Victorian houses.

Schwarzer Kasten in Whitechapel

Dieses kleine Stadthaus beruht auf der Umgestaltung einer alten Fabrik in einem eintönigen Londoner Viertel. Die ursprünglichen Fundamente und Zwischenmauern blieben bestehen. Im Innenbereich entstand ein neues Metallgerüst und ein Dachgeschoss. Hier befinden sich die Schlafzimmer. Die Hauptfassade ist mit Paneelen aus furniertem Holz verkleidet, die mit schwarzem Harz gestrichen wurden. So entsteht ein interessanter Kontrast zu den umliegenden viktorianischen Häusern.

Le cube noir de Whitechapel

Ce projet de petite maison urbaine consistait à restructurer une ancienne usine située dans un quartier éclectique de Londres. Conservant les fondations et les murs mitoyens existants, l'architecte a introduit à l'intérieur une nouvelle structure métallique pour créer un étage abritant les chambres. La façade principale, revêtue de panneaux de contreplaqué couverts de résine noire, offre un contraste avec les maisons de style victorien du voisinage.

Zwarte doos in Whitechapel

Het project bestond uit de verbouwing van een oude fabriek tot een klein stadshuis in een gemêleerde Londense wijk. De fundering en zijmuren van het gebouw zijn behouden gebleven en er binnen is een metalen constructie geplaatst om een tussenverdieping voor de slaapkamers te creëren. De hoofdgevel is bekleed met met zwarte hars bedekte panelen van gelaagd hout en contrasteert zodoende op interessante wijze met de omringende victoriaanse huizen.

The main entrance is located at the end of a private alley beside the house, creating a mysterious and hermetic façade which is completely closed street-side.

Den Hauseingang erreicht man über einen Fußweg, der sich neben dem Gebäude befindet. Durch diese Lösung war es möglich, die Fassade vollständig zu schließen. So wirkt das Gebäude von der Straße aus mysteriös und hermetisch.

On accède à la maison par un passage piétonnier courant sur le côté, ce qui permet de fermer entièrement la façade et de ne présenter à la rue qu'une image mystérieuse et hermétique.

De ingang van het huis ligt aan de zijkant, aan een steegje. Hierdoor kon de voorgevel volledig gesloten blijven en heeft de woning aan de straatzijde een hermetisch afgesloten, mysterieuze uitstraling.

Right

A glass wall peers into the city block and provides an abundance of natural light to the ground floor.

Rechts

Durch eine Glasfassade öffnet sich das Gebäude vollständig zum Innenbereich des Häuserblocks hin. Dadurch gelangt auch viel Licht in das Erdgeschoss.

À droite

La maison s'ouvre sur l'intérieur du pâté de maisons par une façade vitrée, ce qui donne au rez-de-chaussée beaucoup de clarté.

Rechts

Het huis opent zich volledig aan de tuinzijde van het blok middels een glazen gevel die ervoor zorgt dat de begane grond voldoende daglicht krijgt.

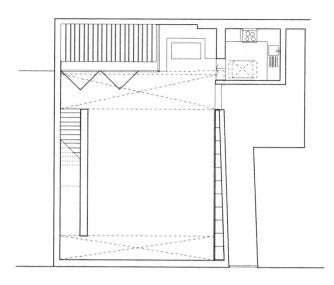

Ground floor

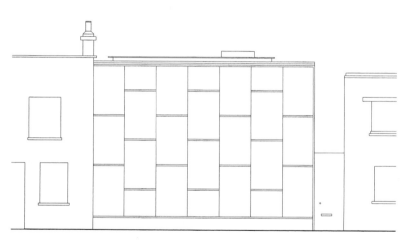

Front elevation

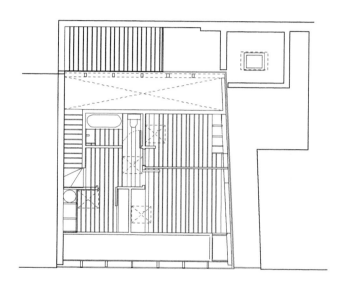

Second floor

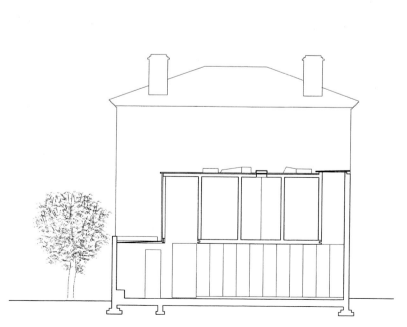

Transversal section

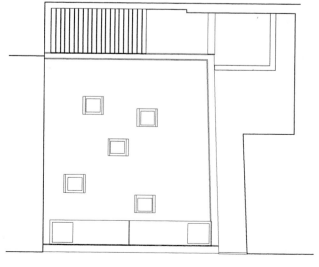

Roof plan

Left and above

The interior, whose austerity emphasizes the two-story-high space culminating in a skylight, echoes the simplicity of the street-side façade.

Links und oben

Die Schlichtheit der Fassade spiegelt sich auch im nüchternen Interieur wieder. Auffällig ist besonders der Bereich mit doppelter Raumhöhe und einem Dachfenster.

À gauche et ci-dessus

La simplicité de la façade sur rue se retrouve à l'intérieur, où l'austérité souligne le volume de double hauteur percé d'une lucarne en toiture.

Links en boven

De eenvoud van de gevel aan de straatzijde weerspiegelt het sobere interieur, waarin de ruimte van dubbele hoogte met bovenverlichting door een dakraam aandacht verdient.

The chestnuts begin to yellow and there are now a few dry leaves on the oak trees. In the orchards the chrysanthemums flower with an almost ghostly whiteness. Red apples cover the ground and the cabbage plants, with their high leaves and trunk-thick stems, are forest-like. These autumnal images are idyllic pictures of the rural world, that place where we can watch the seasons pass. Amidst the hustle and bustle of the city, the pure air and tranquility of the countryside call upon us to change our rhythm and get in touch once more with nature. Although many of the houses included in this chapter are their owner's second homes, the increasing exodus of the urbanites towards the countryside has pushed contemporary country design to new places as well as confronted it with novel challenges. Thus the modern architect seeks to reinvent the concept of the country house, developing a new form of rural architecture that inspires as much in the vernacular style as in the experimental, but with the comfort and convenience of urban living. Beyond styles and trends, the country house bases its existence on its relationship with its environment in order to convert the often wild landscape into a private oasis of tranquility, relaxation, and freedom.

Langsam färben sich die Kastanienbäume gelb, und die Eichen haben sch einige trockene Blätter. In den Gärten blühen die Chrysanthemen in ein fast gespenstischen Weiß. Rote Äpfel bedecken den Boden und ein Kohlköpfe sind so gut gediehen, dass sie wie kleine Bäume aussehen: Blätter strecken sich in die Höhe und die Stiele wirken wie Stämme. Dies s Herbstimpressionen, doch vor allem idyllische Bilder des Landlebens – H gibt es noch ausgeprägte Jahreszeiten und wir können ihre Übergänge be achten. Wenn wir aus dem Strudel der Stadt kommen, fordern uns die kl Luft und die Ruhe auf dem Land zu einem Rhythmuswechsel auf, damit wieder Kontakt zur Natur aufnehmen können. Zwar sind viele der in dies Kapitel gezeigten Häuser Zweitwohnsitze. Der zunehmende Exodus Stadtbewohner hat zeitgenössische Entwürfe jedoch auch an diese C getragen und sie vor neue Herausforderungen gestellt. Die Architekten v suchen, das Landhaus neu zu erfinden und entwickeln eine neue ländli Architektur. Diese ist genauso von der einheimischen Tradition inspiriert sie experimentell ist; bezüglich Funktionalität und Komfort steht sie Stadtwohnungen in nichts nach. Fern aller Stile und Tendenzen begrün das Landhaus seine Existenz in der Beziehung zur Umwelt. So wird die Na zu einer privaten Oase der Ruhe, Entspannung und Freiheit.

Country Houses
Landhäuser
Maisons de campagne
Landelijk gelegen huizen

Les châtaigniers commencent à jaunir et les chênes montrent quelques feuilles sèches. Dans les vergers fleurissent des chrysanthèmes d'un blanc quasi fantomatique. Des pommes rouges jonchent le sol. Clichés idylliques, ces images automnales sont néanmoins le reflet d'un monde rural où la ronde des saisons est encore perceptible. Pour les citadins pris dans les tourbillons de la ville, l'air pur et la tranquillité de la campagne invitent à ralentir le rythme du quotidien et à retrouver le contact avec la nature. Si la plupart des maisons décrites dans ce chapitre sont des résidences secondaires, l'exode croissant des citadins vers la campagne contraint l'architecture contemporaine à relever de nouveaux défis et à s'adapter à un environnement radicalement différent. Les architectes ont ainsi cherché à réinventer le concept de « maison de campagne » et à revisiter l'architecture rurale, en s'inspirant autant du vernaculaire que de l'expérimental, tout en offrant les fonctionnalités et les commodités d'un logement urbain. Au-delà des styles et des tendances, ces maisons de campagne cherchent à s'intégrer au milieu environnant afin de bénéficier pleinement de cette oasis de tranquillité, de détente et de liberté qu'est la nature.

De kastanjes beginnen te vergelen en de eiken hebben al wat droog blad. In de tuinen bloeien chrysanten van een bijna spookachtig witte kleur. Rode appels bedekken de grond en de koolgewassen welen zo tierig dat ze wel struiken lijken met hun hoge bladeren en stelen als stammen. Hersftplaatjes, maar bovenal idyllische beelden van het platteland, waar we de jaargetijden nog in elkaar over kunnen zien gaan. De pure lucht en de rust van het platteland, ingedrukt tussen de maalstroom van de steden, roepen ons op ons ritme te veranderen en het contact met de natuur weer op te pakken. Hoewel veel van de huizen in dit hoofdstuk tweede huizen zijn, heeft de groeiende uittocht van stedelingen het moderne ontwerp voor nieuwe uitdagingen gesteld. Architecten streven naar een nieuw concept van de plattelandswoning, ze ontwikkelen een nieuwe landelijke architectuur en inspireren zich daarbij zowel op het autochtone als op het experimentele, maar met de functionaliteit en het comfort van een stedelijke woning. Het huis op het platteland overstijgt stijlen en stromingen en baseert zijn bestaan op de relatie met de natuur om deze te veranderen in een oase van rust, ontspanning en een gevoel van vrijheid.

222 Residence

Architect: Elliott + Associates

House in Oklahoma

A flat floating roof serves to structure the house and emphasize the relationship between interior and exterior. The overhanging roof and the retracted façade leave certain structural elements visible while creating a sheltered outside area, which invites one to contemplate the surrounding forest. Industrial materials such as metal, glass, and polished cement are mixed with warmer materials such as plaster and wood to create a comfortable environment that also serves to exhibit a large collection of artwork.

Haus in Oklahoma

Ein schwebendes Dach gliedert die Struktur des Hauses und betont das Verhältnis zwischen Innen- und Außenbereich. Die Auskragung rings um das Gebäude und die zurückgesetzte Fassade heben die Strukturelemente in den Vordergrund; es entsteht ein überdachter Außenbereich. Von hier aus kann man in aller Ruhe den umliegenden Wald betrachten. Industriematerialien wie polierter Zement, Metall und Glas mischen sich mit anderen wärmeren Materialien wie Gips und Holz. Die so entstandene Komposition ist auch eine geeignete Kulisse für die Präsentation einer großen Kunstsammlung.

Maison en Oklahoma

La toiture horizontale flottante organise la composition formelle de la maison et accentue la relation entre intérieur et extérieur. Tout en dévoilant les éléments de structure, le porte-à-faux de la couverture soulignant le retrait de la façade crée un espace extérieur couvert qui invite à la contemplation de la forêt environnante. L'association de matériaux industriels – ciment poli, métal et verre notamment – à d'autres plus chauds, comme le gypse et le bois, crée un espace harmonieux où est exposée une vaste collection d'œuvres d'art.

Huis in Oklahoma

De formele opzet van dit huis wordt bepaald door een horizontaal, zwevend dak, dat de relatie tussen het interieur en exterieur benadrukt. Door het uitsteken en inspringen van de gevel is een flink deel van de draagconstructie zichtbaar. Ook is een overdekt buitendeel ontstaan dat uitnodigt tot contemplatieve overpeinzingen met uitzicht op het omringende bos. Industriële materialen, zoals gepolijst cement, metaal en glas, zijn gecombineerd met warmere materialen, zoals gips en hout. Het huis doet warm aan en wordt ook gebruikt om grote kunstcollecties te exposeren.

Left

The glass hall blurs the line between interior and exterior, creating a connection with the surrounding environment as well as serving as showcase to much of the artwork within.

Links

Durch das vollständig verglaste Foyer gehen Innen- und Außenbereich ineinander über. So entsteht ein optischer Bezug zur umliegenden Natur und gleichzeitig ein Schaufenster für den Großteil der Kunstobjekte im Innern des Hauses.

À gauche

Entièrement vitré, le vestibule atténue la démarcation entre intérieur et extérieur et ouvre sur la nature environnante tout en servant de vitrine pour quelques-unes des œuvres d'art rassemblées dans la villa.

Links

De hal, die volledig van glas is, doet de scheiding tussen binnen en buiten vervagen. Ze creëert een verbinding met de omringende natuur en doet tegelijkertijd dienst als vitrine voor een groot deel van de kunstschatten in het huis.

The chosen materials – wood, polished concrete, glass, and oxidized metal – serve to give the interior a sense of elegance, equilibrium, and strength.

Für den Bau wurden Holz, polierter Beton, Glas und oxydierte Metalle verwendet. Diese Materialien verleihen dem Innenbereich Ausgewogenheit, Eleganz und Beständigkeit.

Les matériaux choisis – bois, béton lissé, verre et métal oxydé – confèrent à l'intérieur équilibre, élégance et solidité.

De gekozen materialen – hout, gepolijst beton, glas en geoxideerde metalen – geven het interieur een evenwichtige, elegante en tegelijkertijd bestendige uitstraling.

Sullivan Residence

Architect: Michael P. Johnson Design Studio

House Bridge

The structure – consisting of two large-scale glulam beams suspended like a bridge over a ravine – is the principal space-defining element. The force of the layout highlights the surrounding wilderness, which is reflected in an interior marked by its structural rationality. The house is composed of well-lit space with long windows running the length of the north and south façades, overlooking the surrounding landscape.

Brückenhaus

Die Struktur dieses Hauses wird durch zwei riesige Balken aus Holzfurnier geformt, die wie eine Brücke über einen Bach führen. Sie sind die Hauptelemente des Gebäudes. Durch die Ausdruckskraft dieser Konstruktion wird die schroffe Landschaft noch hervorgehoben; im Innern dominiert eine strukturelle Rationalität. Das Gebäude ist ein einmaliges, klares Gesamtkonzept und besticht auch durch die Fensterreihen entlang der Nord- und Südseite des Hauses. Sie bieten einen ungehinderten Ausblick auf die umgebende Landschaft.

Maison pont

La structure de cette maison – formée de deux énormes solives en lamellé-collé, suspendues au-dessus d'une ravine comme un pont – est le principal élément définissant l'espace. Cette configuration forte, qui souligne le relief inégal du terrain, se reflète dans un intérieur marqué par la rationalité structurelle. Les façades nord et sud de la maison, de forme allongée, sont rythmées par une longue rangée de fenêtres donnant sur la nature environnante.

Brughuis

Het skelet van dit huis, dat gedomineerd wordt door twee enorme balken van geperst hout die als een brug over een kloof hangen, is het belangrijkste ruimtelijke element. De dynamiek van deze opzet onderstreept het ruwe karakter van het perceel en keert terug in het interieur, dat van een structurele rationaliteit is. De woning is één grote lichte ruimte, met lange ramen die bijna de hele noord- en zuidgevel van het huis beslaan en een prachtig uitzicht op het omringende landschap bieden.

Left

The house was designed as a loft: a vast linear space with few dividing elements like furniture, bookshelves, and storage space.

Links

Das Haus erscheint wie ein Loft: ein großer länglicher Raum mit wenigen Trennelementen in Form von Möbeln, Regalen oder Aufbewahrungssystemen.

À gauche

La maison est conçue comme un loft : dans un vaste espace allongé, quelques éléments servant de meubles, de rayonnages ou d'espaces de rangement délimitent les différents espaces de vie.

Links

Het huis heeft de vorm van een loft: een grote lange ruimte met enkele scheidende elementen die fungeren als meubels, boeken-kasten of opslagruimte

Left and below

The same type of wood is used within the house and on the outer façade; the central element of the living room is a wood stove, reminiscent of the *googie* style of architecture.

Links und unten

Für die Inneneinrichtung wurde das gleiche Holz verwendet wie für die Außenverkleidung; ein extravaganter Kamin im *Googie*-Stil ist das zentrale Element des Wohnzimmers.

À gauche et ci-dessous

La décoration intérieure fait appel au même type de bois que celui utilisé pour le revêtement extérieur. L'élément central du salon est une cheminée au design original, qui rappelle le style Googie.

Links en onder

Voor de afwerking van het interieur is gekozen voor dezelfde houtsoort die voor de buitenkant is gebruikt. De originele open haard, in googie-stijl, is het centrale element in de woonkamer.

Left and right

This house stands out for the practicality and simplicity of its design, the warm interior finishes, and the careful carpentry and metalwork done with glulam and aluminum.

Links und rechts

Das Gebäude besticht durch seine Funktionalität und Schlichtheit sowie durch die warmen Verkleidungen im Innenbereich und die perfekt gearbeiteten Einrichtungselemente aus Holz und Aluminium.

À gauche et à droite

La maison se distingue par la fonctionnalité et la simplicité de son programme, les finitions chaleureuses de l'intérieur et le travail soigné de la menuiserie en bois lamellé et aluminium.

Links en rechts

Het huis valt op door zijn functionaliteit en eenvoud, de warme afwerking van het interieur en het verfijnde timmerwerk van gelaagd hout en aluminium.

Caesar House

Architect: Bembé Dellinger Architekten

Enlargement of a Country House

This project, located next to Lake Ammersee, near Munich, required renovating and enlarging an otherwise dull country house. A third floor with an open layout was added to the original two-story house, the entirety of which is covered in wood slats. This gives a consistent feel to a contemporary and abstract house, which at first glance seems to be nothing but a large block of wooden openwork.

Erweiterung eines Landhauses

Dieses Gebäude steht am Ammersee in der Nähe von München. Das ehemals unscheinbare Landhaus sollte renoviert und erweitert werden. So wurde dem zweigeschossigen Bau ein drittes Stockwerk mit freiem Grundriss hinzugefügt. Die gesamte Fassade wurde mit Holzlamellen verkleidet. Diese verleihen dem Haus ein einheitliches Erscheinungsbild, es wirkt zugleich modern und abstrakt. Auf den ersten Blick erscheint die Holzverkleidung der Fassade fast transparent.

Surélévation d'une maison de campagne

Ce projet consistait en la transformation et l'agrandissement d'une simple maison de campagne, située près du lac Amersee, aux environs de Munich. À la structure existante a été ajouté un troisième étage, de plan ouvert, l'ensemble étant masqué par un rideau de lames de bois qui harmonise toute la façade et lui donne une apparence contemporaine et abstraite, comme si la maison n'était qu'un bloc de bois ajouré.

Uitbreiding van een huis op het platteland

Dit project aan de Ammersee, vlakbij München, had de renovatie en uitbreiding van een onopvallend huisje op het platteland als doel. Aan de twee verdiepingen tellende constructie werd een derde, open verdieping toegevoegd. Het geheel is met een houten latwerk bekleed, waardoor het huis van buiten een uniforme, moderne en abstracte uitstraling heeft gekregen; op het eerste gezicht lijkt de gevel van geperforeerd hout te zijn gemaakt.

Left

The structure made of wood slats gives the house a contemporary feel while filtering the light coming in through the windows and supporting the upper level terraces.

Links

Die Struktur aus Holzlamellen hat verschiedene Funktionen: sie verleiht dem Haus eine moderne Erscheinung, filtert das Licht, das in den Innenbereich scheint und beherbergt außerdem eine Terrasse in den oberen Stockwerken.

À gauche

La structure en lames de bois remplit diverses fonctions : donner une image contemporaine à la maison, filtrer la lumière et abriter la terrasse des étages supérieurs.

Links

De constructie van houten latten heeft diverse functies: ze geeft de woning een moderne aanblik, filtert het invallende daglicht en omgeeft een terras op de bovenverdieping.

Right

The interior has been completely redone with wood parquet and white stucco walls. The dividing walls were demolished to create a more spacious and luminous room.

Rechts

Der Innenbereich ist vollständig mit Parkett und weißem Putz ausgestattet. Durch die entfernten Trennwände wurden die Räume erweitert und erhalten mehr Tageslicht.

À droite

L'intérieur a été entièrement refait avec un parquet en bois et des cloisons de stuc blanc, tandis que les cloisons ont été abattues pour donner plus de volume à l'espace et améliorer l'éclairage.

Rechts

Het interieur is volledig vernieuwd met houten parket en wit gepleisterde muren; tussenmuren zijn verwijderd om de ruimte te vergroten en de verlichting te verbeteren.

House in Arenys d'Empordà

Architect: Josep Boncompte/Boncompte i Font Arquitectes

House in Amperdan

This family house, located on a hill in the middle of a pine forest in Amperdan, Catalonia, stands out for its simple design and for the materials used in its construction. The elongated house has a concrete frame constructed on gabions, with windows opening onto a porch overlooking the surrounding landscape. In contrast to the noticeable linearity of the project, the upper level, which has a wooden façade and holds the main bedroom, is placed transversally with respect to the lower.

Haus im Ampurdán

Dieses Einfamilienhaus steht an einem Abhang mitten im katalanischen Ampurdán. Es ist von einem Pinienwald umgeben und besticht durch eine schlichte Komposition und ausgewählte Materialien. Eine Mauer aus Gabionen bildet die Fassade des länglichen Gebäudes. In diese sind Glastüren mit einem Betonrahmen eingelassen, die auf eine Terrasse führen. Von hier aus hat man einen schönen Ausblick auf die umgebende Landschaft. Das zweite Stockwerk ist ein quer angelegter und mit Holz verkleideter Baukörper. Hier befindet sich das Hauptschlafzimmer. Dieser Aufbau kontrastiert mit dem ansonsten deutlich längs ausgerichteten Gebäude.

Une maison en Ampurdán

Cette maison de famille, située sur une colline de l'Ampurdán (Catalogne) et entourée par un bois de pins, se singularise par la simplicité de sa composition et le choix de ses matériaux. Il s'agit d'un long parallélépipède, construit sur des gabions, dont la façade de béton est percée de fenêtres devant lesquelles un portique encadre la vue sur le paysage alentour. Posé dessus et transversalement, comme en contrepoint à la linéarité accusée de la maison, un fort volume à parement de bois abrite la chambre principale.

Huis in El Ampurdán

Deze eengezinswoning tussen de dennenbomen op een helling midden in de Catalaanse Ampurdán valt op door de eenvoudige opzet en de materiaalkeuze. De begane grond bestaat uit een langgerekt deel, dat is gebouwd op een fundering, met ramen in een betonconstructie die uitkomen op een veranda met uitzicht op het omliggende landschap. De eerste verdieping, een met hout afgewerkt blok dat dwars op de begane grond staat, herbergt de hoofdslaapkamer en contrasteert met de sterk lineaire benedenverdieping.

Below and right

The wooden terrace and metal-framed porch, located in front of the main façade, extend outward the recreational space.

Unten und rechts

Vor der Hauptfassade befinden sich eine mit Holz ausgelegte Terrasse und ein Laubengang aus Metall. So entstanden auch draußen großzügige Freizeitbereiche.

Ci-dessous et à droite

La terrasse en bois et le portique à charpente métallique, qui précède la façade principale, prolongent les espaces de repos vers l'extérieur.

Onder en rechts

Een houten terras en een veranda met metalen constructie voor de hoofdgevel verlengen de ontspanningsruimten tot buiten.

Left and below

The concrete walls within the house contrast with the intense red walls, which contain embedded shelves.

Links und unten

Einige Wände im Hausinnern sind in einem intensiven Rot gestrichen. Hier wurden Einbauregale eingesetzt. Die roten Wände kontrastieren mit denen aus Sichtbeton.

À gauche et ci-dessous

Contrastant avec les murs de béton apparent, les cloisons intérieures de la maison, d'un rouge intense, sont évidées pour accueillir des étagères encastrées.

Links en onder

Binnen in het huis contrasteren de donkerrode muren – waarin grote openingen zijn aangebracht voor plankenkasten – met de wanden van zichtbaar beton.

The wall separating the kitchen from the dining room has an aluminum-framed window, granting the space visual continuity and emphasizing the rigorous geometry of the house.

In die Wand zwischen Küche und Esszimmer wurde ein Fenster mit Aluminiumrahmen eingebaut, welches die beiden Räume optisch miteinander verbindet. Zudem unterstreicht es die strikte Geometrie des Hauses.

La cloison qui sépare la cuisine de la salle à manger est coupée par une baie vitrée à menuiserie d'aluminium, qui offre une harmonie visuelle aux deux espaces et appuie la géométrie rigoureuse de la maison.

In de wand die de keuken van de eetkamer scheidt, is een groot raam met een aluminium kozijn aangebracht, wat de twee ruimten visuele continuïteit verschaft en de strenge geometrie van het huis accentueert.

Left and below

The bare concrete walls and the simple and functional furniture emphasize the house's relationship with the exterior.

Links und unten

Die Verkleidungen aus Sichtbeton und das schlichte, funktionale Mobiliar unterstreichen die Verbindung zu den Außenbereichen.

À gauche et ci-dessous

Le béton apparent et le mobilier simple et fonctionnel soulignent la relation entre l'intérieur de la maison et les espaces extérieurs.

Links en onder

De afwerking van zichtbaar beton en het eenvoudige en functionele meubilair accentueren de relatie met de buitenruimten.

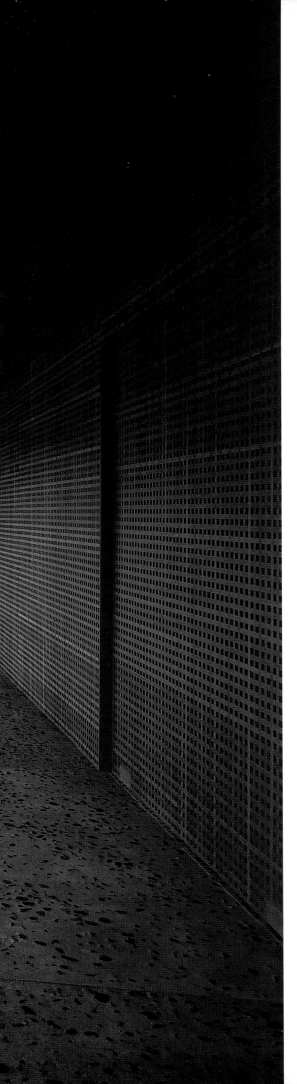

Du Plessis House

Architect: Marcio Kogan

House in Parati

This house, located in the southern part of the state of Rio de Janeiro, Brazil, is surrounded by lush subtropical vegetation. The outward appearance is that of an austere contemporary house; nevertheless, the design clearly references tradition in the way it is laid out around the central patio. Walls covered in *pedra mineira*, a material typical of the area, and a roof made of bamboo and tile turn the house into an interesting contemporary reinterpretation of traditional architecture.

Haus in Parati

Dieses Haus steht im Süden des Bundesstaates Rio de Janeiro. Es ist von einer üppigen subtropischen Vegetation umgeben und wirkt von außen nüchtern und modern. Durch die Gebäudeorganisation um den Innenhof weist es allerdings auch traditionelle Elemente auf. Die Mauern sind mit *pedra mineira* verkleidet, einem typischen Stein der Region. Dieses Material sowie das Dach aus Bambus und Ziegeln verwandeln das Gebäude in eine interessante, zeitgenössische Interpretation der traditionellen Architektur.

Maison à Parati

Cette demeure, située au sud de l'État de Rio de Janeiro (Brésil), est cernée par une exubérante végétation subtropicale. Si son apparence extérieure est celle d'un volume austère d'allure contemporaine, elle révèle cependant de claires références à la tradition par sa distribution autour d'un patio. Ses murs revêtus de *pedra mineira*, une pierre locale, et sa toiture faite de bambou et de tuiles en font une intéressante interprétation de l'architecture traditionnelle.

Huis in Parati

Deze woning in het zuiden van de provincie Rio de Janeiro is omgeven met welige subtropische vegetatie. De buitenkant is van een sober, modern ontwerp waarin met de patio echter duidelijk verwijzingen naar een traditionele bouwstijl te zien zijn. De *pedra mineira*, een typisch materiaal uit de streek, waarmee het gebouw is afgewerkt, en de dakbedekking van bamboe en dakpannen veranderen het huis in een interessante moderne herinterpretatie van de traditionele architectuur.

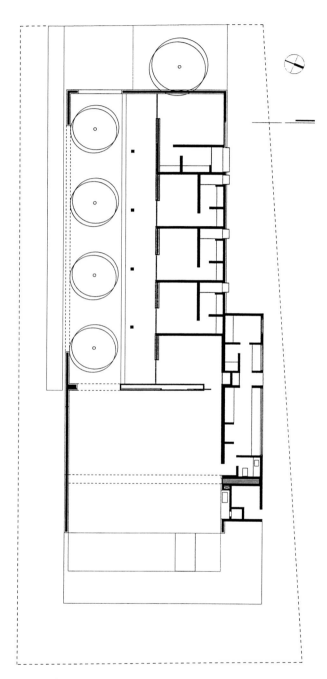

Ground floor

Left and below

This single-story house is L-shaped. The bedrooms and the living room open onto an austere patio, whose surrounding walls frame the landscape.

À gauche et ci-dessous

La maison s'organise sur un seul niveau en forme de L : les chambres et la salle de séjour ouvrent sur un patio austère, dont les murs périphériques délimitent le panorama.

Links und unten

Das L-förmige Gebäude hat nur ein Stockwerk. Die einzelnen Zimmer und auch der Salon öffnen sich zum nüchternen Innenhof hin, dessen Umfassungsmauern die Aussicht rahmen.

Links en onder

Dit huis is gelijkvloers en heeft de vorm van een L. De slaapkamers en de woonkamer kijken uit op de sobere patio, waarvan de muren het uitzicht omlijsten.

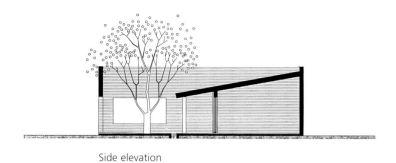

Side elevation

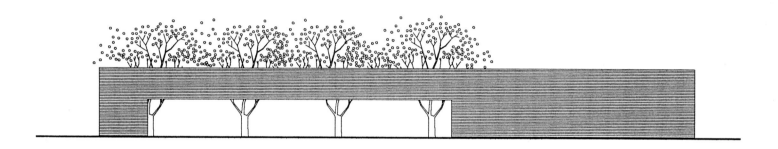

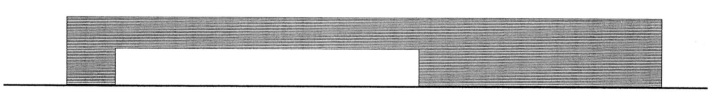

Elevations

Right and following pages

The wooden lattices along with the cement and natural stone flooring – present within the house and without – lend this home a certain warmth.

Rechts und Folgeseiten

Die Pflasterung mit Zement und Naturstein wurde im Innen- und Außenbereich verwendet. Dieses Gestaltungselement und auch die Holzjalousien sorgen für ein warmes Ambiente.

À droite et pages suivantes

Le pavement de ciment et de pierre naturelle – présent tant à l'intérieur qu'à l'extérieur – et les treillis de bois tempèrent l'austérité de cette demeure.

Rechts en volgende bladzijden

De vloeren van cement en natuursteen – zowel in het huis als erbuiten – en de houten jaloezieën geven de woning een warme uitstraling.

The subtropical climate necessitated spacious and well-ventilated rooms; the living and dining rooms open entirely upon the central patio and the swimming pool.

Rechts

In subtropischem Klima benötigt man große Räume, die richtig belüftet werden können; das Wohn- und das Speisezimmer öffnen sich vollständig zum Innenhof und zum Swimmingpool hin.

À droite

Le climat subtropical contraint de créer de vastes pièces correctement ventilées ; ainsi la salle de séjour et la salle à manger sont-elles complètement ouvertes sur le patio central et la piscine.

Rechts

Door het subtropische klimaat is er behoefte aan grote en goed geventileerde vertrekken; de woonkamer en eetkamer kunnen volledig geopend worden richting de centrale patio en het zwembad.

House in Honda

Architect: Guillermo Arias, Luis Cuartas

House in a Colonial Columbian Town

This project brings together an old house and shop, now in ruins. The façades and a few colonial stone walls have been preserved in order to create a weave of open and closed spaces organized around the original structure and the visual axes. The illumination, which was one of the project's determining elements, emphasizes the detail and texture of the original walls.

Haus in einem kolonialen Dorf in Kolumbien

Bei diesem Bauprojekt wurden zwei Grundstücke zusammengefügt, auf denen Ruinen von alten Häusern und Lagergebäuden standen. Die Fassaden und einige koloniale Steinmauern wurden verwendet, um ein Gefüge aus offenen und überdachten Räumen zu schaffen. Diese entwickeln sich aus dem alten Grundriss und sind an Sichtachsen ausgerichtet. Die Beleuchtung ist ein entscheidendes Element. Sie unterstreicht die Details und die Strukturen der ursprünglichen Mauern.

Villa dans un village colonial de Colombie

Le projet de cette demeure était de réunir deux maisons et magasins en ruine, en conservant les façades et quelques vieux murs en pierre, pour créer un labyrinthe d'espaces ouverts et couverts qui s'organisent suivant l'ancienne structure et s'ordonnent par axes de perspective. L'éclairage, qui est un élément déterminant de cette réalisation, souligne les détails et la texture des maçonneries originelles.

Huis in een koloniaal dorp in Colombia

Voor dit project zijn twee percelen samengevoegd waarop vervallen woningen en pakhuizen stonden. Op basis van de oude gevels en eeń paar stenen muren in koloniale stijl ontstond een wirwar van open en gesloten ruimten, die zich ontwikkelen vanuit de oude structuur en zich ordenen door visuele assen. De verlichting, een belangrijk element, vestigt de aandacht op de details en structuur van de originele muren.

Left and above

The swimming pools, fountains, and numerous terraces and open spaces lend the project a sense of harmony.

Links und oben

Durch die Schwimmbecken, die Springbrunnen sowie die vielen Terrassen und offenen Räume entsteht ein einheitlicher Gesamtkomplex.

À gauche et ci-dessus

Les piscines, les fontaines, les nombreux espaces ouverts et terrasses participent à l'unité de l'ensemble.

Links en boven

De zwembaden, fonteinen, terrassen en open ruimten dragen bij aan de eenheid die het geheel uitstraalt.

Left and below

The terraces, patios, and white walls form a set design which acts as prelude to the house's more private rooms.

À gauche et ci-dessous

Les terrasses, les patios et les murs blancs composent une scénographie qui prélude aux espaces plus intimes de la maison.

Links und unten

Die Terrassen, Innenhöfe und wei-ßen Mauern bilden die Szenerie für die Privatbereiche des Hauses.

Links en onder

De terrassen, patio's en het wit van de muren vormen een decor dat de privé-vertrekken van het huis aankondigt.

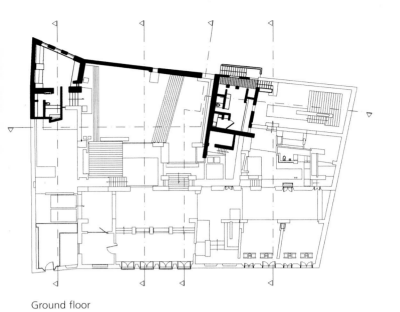

Ground floor

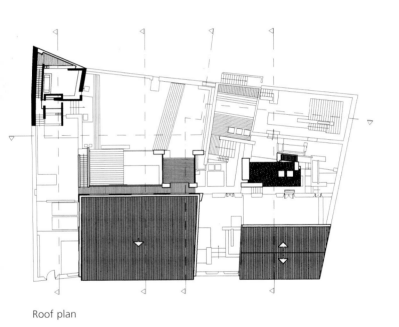

Roof plan

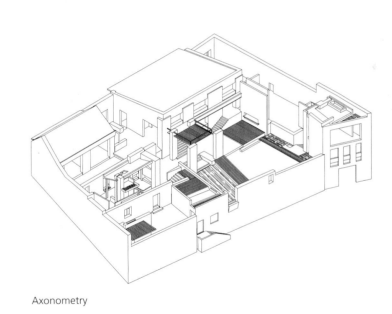

Second floor

Axonometry

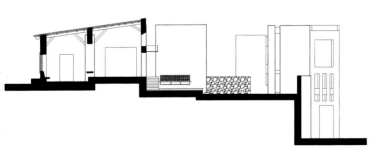

Sections

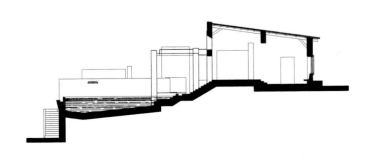

Each of the rooms opens onto
a unique outdoor area: a small
aromatic herb garden, a stone
patio, or a garden of citrus trees.

Rechts und folgende Seiten

Alle Räume öffnen sich zu einem
Außenbereich, der unterschiedliche
Besonderheiten zeigt. Hier gibt es
zum Beispiel ein Gewürzkräuter-
gärtchen, einen Innenhof aus Stein
oder einen Zitronengarten.

À droite et pages suivantes

Toutes les pièces ouvrent sur un
élément d'extérieur personnalisé :
un recoin planté d'herbes
aromatiques, un patio en pierre
ou un jardin d'agrumes.

Rechts en volgende bladzijden

Alle vertrekken liggen aan een
buitenruimte met bijzondere
eigenschappen: een hoekje met
geurende kruiden, een patio met
stenen en een tuin met citrus-
vruchten.

Left

The illumination designed by
Guillermo Arias accents the texture
of the white walls and gives the
interior a sense of sophistication.

Links

Die Beleuchtung, die Guillermo
Arias entworfen hat, unterstreicht
die Struktur der weißen Mauern
und verleiht den Räumen einen
raffinierten Charakter.

À gauche

Les jeux d'éclairage, conçus par
Guillermo Arias, mettent en valeur
la texture des murs blancs et
apportent une touche de
sophistication aux espaces
intérieurs.

Links

De verlichting, ontworpen door
Guillermo Arias, doet de witte
muren goed uitkomen en geeft
de vertrekken een gedistingeerde
uitstraling.

House & Gallery

Architect: Kennedy & Violich

Expansion of a Massachusetts Home

This project mainly involved adding an art gallery onto a preexisting house, built chiefly of steel, wood, and glass. A dance studio, an office, an indoor swimming pool, two patios, and a sculpture garden were also added. This unusual program was laid out in one continuous space which receives indirect sunlight and has numerous walls on which artwork can be displayed. The swimming pool, the house's central element, gives the interior a sense of dynamism while connecting the various daytime areas.

Erweiterung eines Domizils in Massachusetts

Mit diesem Bauprojekt sollte eine Kunstgalerie in ein schon bestehendes Haus integriert werden. Baumaterialien sind hauptsächlich Stahl, Holz und Glas. Im Zuge des Umbaus sollten zusätzlich ein Tanzsaal, ein Büro, ein Swimmingpool, zwei Innenhöfe und ein Skulpturengarten entstehen. Dieses ungewöhnliche Raumprogramm sollte sich in einem einzigartigen, durchgehenden Raum entfalten, mit indirektem Licht und großen Wandflächen zum Aufhängen der Gemälde. Der Swimmingpool ist das zentrale Element des Hauses. Er verleiht dem Interieur Dynamik und verbindet die einzelnen Tagesbereiche miteinander.

Extension d'une maison dans le Massachusetts

Ce projet ne prévoyait initialement que l'intégration d'une galerie d'art au bâtiment existant, une maison construite essentiellement en acier, en bois et en verre. Il a été ensuite étoffé par l'adjonction d'une salle de danse, d'un bureau, d'une piscine intérieure, de deux patios et d'un jardin de sculptures. Ce programme inhabituel a été déployé dans un seul espace libre offrant de grandes surfaces pour accrocher les tableaux et éclairé en lumière indirecte. La piscine, élément central de la maison, donne du dynamisme à l'intérieur et relie les différentes pièces de jour.

Uitbouw van een huis in Massachusetts

Bij dit project is een kunstgalerie geïntegreerd in een bestaand huis dat gebouwd is van voornamelijk staal, hout en glas. Bij de verbouwing moesten tevens een danszaal, een kantoor, een binnenzwembad, twee patio's en een beeldentuin worden toegevoegd. Dit ongebruikelijke geheel moest tot stand komen in één grote doorlopende ruimte met indirecte lichtinval en grote muren om schilderijen aan te hangen. Het zwembad, het centrale element in het huis, geeft het interieur dynamiek en verbindt de verschillende vertrekken met elkaar.

Left and above

The interior swimming pool reaches from the middle of the gallery to the end of the house, ending in an overhang atop the sculpture garden.

Left and above

The interior swimming pool reaches from the middle of the gallery to the end of the house, ending in an overhang atop the sculpture garden.

Links und oben

Der Swimmingpool reicht von der Mitte der Galerie bis an den Rand des Gebäudes und endet in einem Gebäudevorsprung über dem Skulpturengarten.

À gauche et ci-dessus

La piscine intérieure part du centre de la galerie et se prolonge en porte-à-faux au-delà des murs sur le jardin de sculptures.

Links en boven

Het binnenzwembad begint midden in de galerie en loopt tot aan de grenzen van het huis om zwevend uit te komen boven de beeldentuin.

Below

The kitchen is located above
the gym on the ground floor;
a lookout-like bridge connects
the kitchen and living room.

Unten

Die Küche befindet sich über dem
Fitnessraum im Erdgeschoss und ist
durch eine Holzbrücke mit dem
Wohnzimmer verbunden. Von der
Brücke aus kann man auch die Aus-
sicht auf die Umgebung genießen.

Ci-dessous

La cuisine, aménagée au-dessus
du gymnase du rez-de-chaussée,
est reliée à la salle de séjour par
une passerelle en bois servant de
mezzanine.

Onder

De keuken ligt boven de sport-
ruimte op de begane grond en is
met de woonkamer verbonden
middels een houten brug die als
uitkijkpunt fungeert.

Below

structure made of black painted
metalwork frames the swimming
pool, connecting it to the gym.

Unten

Der Pool ist von einem schwarzen
Metallgerüst umrahmt. Die Metall-
elemente finden sich auch im
Sportraum und stellen so eine Verbindung der beiden Bereiche dar.

Ci-dessous

La présence de la piscine est
soulignée par une structure
métallique peinte en noir, par
laquelle on communique avec
le gymnase.

Onder

Het zwembad heeft een zwart
geschilderde metalen omlijsting
die dit deel verbindt met de sport-
ruimte.

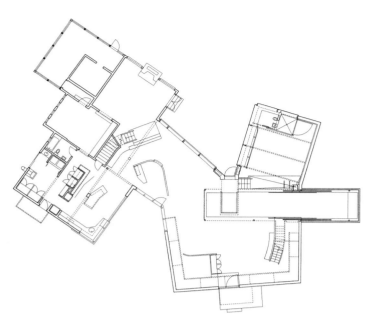

Ground floor

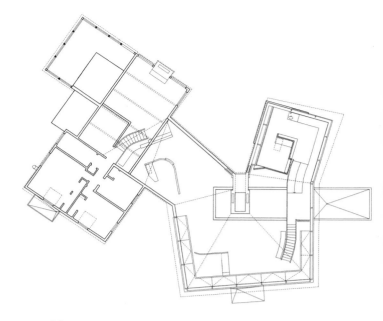

Second floor

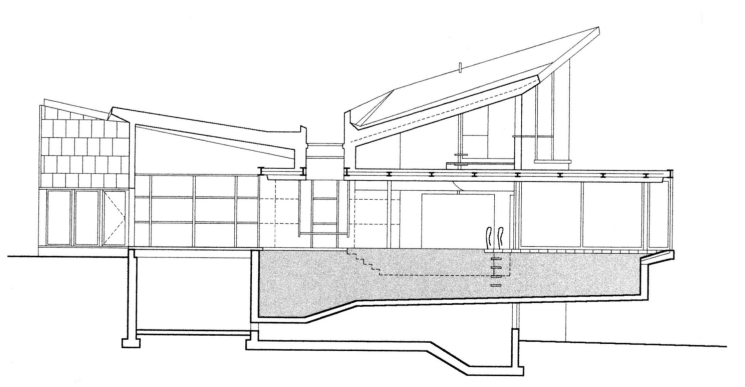

Section

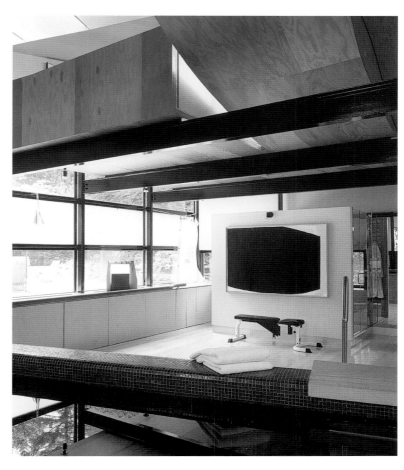

Slope House

Architect: Lichtblau Wagner

Half-Buried Glass House

This project's primary goal was to construct a house in one of Austria's nature reserves with the absolute minimum impact on the landscape. Taking advantage of the incline of the terrain, the house was partially buried; the planted roof helps hide the house, making it look like an extension of its surroundings. A patio divides the interior into two symmetric sections, each of which is further divided into a living area and a bedroom. The shared facilities are in the middle.

Glashaus mit organischem Dach

Bei der Konzeption dieses Hauses in einem österreichischen Naturschutzgebiet wollte man das Landschaftsbild so wenig wie möglich verändern. Entsprechend wurde die Neigung des Geländes dazu genutzt, das Gebäude teilweise in die Erde einzulassen. So wurde ein organisches Dach geschaffen, welches das Haus effizient isoliert und wie eine Erweiterung des umliegenden Geländes wirkt. Der Grundriss verteilt sich auf zwei symmetrische Bereiche, die durch einen Innenhof getrennt sind. Jeder Bereich ist wiederum in einen Tages- und Nachtbereich unterteilt. Die Funktionsräume befinden sich in der Mitte.

Maison de verre semi-enterrée

L'objectif principal de ce projet était de réduire au minimum l'impact de cette maison sur le paysage, édifiée dans une région protégée d'Autriche. Tirant parti de la pente naturelle du terrain, l'ensemble a été partiellement enterré et doté, en prolongement du terrain, d'une toiture organique qui isole efficacement la maison. L'étage est divisé en deux zones symétriques séparées par un patio, chacune étant divisée à son tour en pièces de jour et de nuit, avec les pièces de service au centre.

Half ingegraven glazen woning

Het belangrijkste doel van dit project was de bouw van een huis in een natuurbeschermingsgebied in Oostenrijk met een minimum aan inbreuk op het landschap. Door gebruik te maken van de natuurlijke glooiing van het terrein kon het huis deels onder de grond worden gebouwd. De organische dakbedekking isoleert het huis zeer goed en lijkt een verlengstuk van het omringende landschap. De begane grond bestaat uit twee symmetrische, door een patio van elkaar gescheiden delen; elk deel bestaat uit een zone voor overdag en een zone voor 's nachts. De gebruiksruimten liggen in het midden.

Below and right

The skylights, which illuminate the rear part of the house, also complement the glass façades.

Unten und links

Die Glasfassaden werden durch Dachfenster ergänzt. Durch diese gelangt auch Tageslicht in den hinteren Bereich des Baukörpers.

Ci-dessous et à droite

En plus des façades vitrées, des puits de lumière en toiture permettent d'éclairer la partie arrière de la maison.

Onder en rechts

De glazen gevels worden aangevuld met dakramen, waardoor in het achterste deel ook daglicht binnenkomt.

Left and right

One of the owners' main demands was an abundance of storage space, and thus the partitions and lateral walls all have closets or shelves.

Links und rechts

Die Eigentümer wünschten sich vo allem viel Stauraum. So wurden die Seitenwände und Trennmöbel mit Schränken ausgestattet.

À gauche et à droite

Une des exigences fondamentales des propriétaires était de disposer de nombreux espaces de rangement. La solution a été de doubler par des placards les murs périphériques et les meubles de séparation.

Links en rechts

Het verkrijgen van veel bergruimte was van doorslaggevend belang voor de eigenaars. Dit werd gerealiseerd in de vorm van kastruimte in de zijmuren en scheidingselementen.

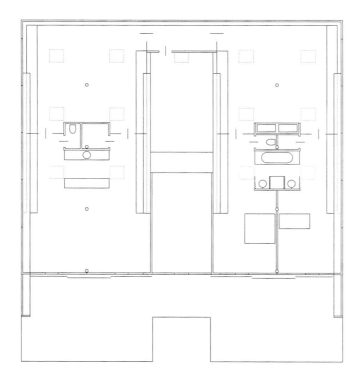

Floor plan

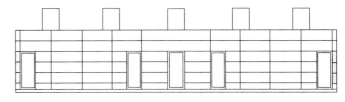

Front elevation

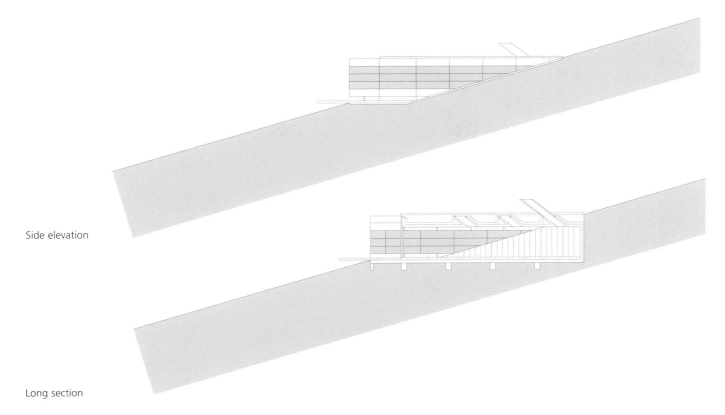

Side elevation

Long section

Gypsy Trail Residence

Architect: Winka Dubbeldam/Archi-tectonics

House on Croton Reservoir

This house's design was determined by the property, which is located beside a lake in the middle of an Upstate New York forest preserve. The building's two floors are extremely different, and together define the composition: on the ground floor, a volume covered in local stone is perfectly adapted to the surrounding environment, while the upper level, a light box made of metal, wood, and glass, is twisted to catch the best possible view and the most sunlight.

Haus im Croton-Reservoir

Die Charakteristik des Grundstücks war ausschlaggebend für die Realisierung dieses Bauprojekts. Es befindet sich neben einem See in einem Waldschutzgebiet des Bundesstaats New York. Die Konstruktion besteht aus zwei Baukörpern, in denen die beiden Stockwerke untergebracht sind; das Erdgeschoss ist mit Steinen aus der Region verkleidet und fügt sich wunderbar in die Umgebung ein. Das erste Stockwerk ist ein sich windender, leichter Baukörper aus Metall, Holz und Glas, der wunderschöne Panoramablicke bietet. Daneben gewährt es den größtmöglichen natürlichen Lichteinfall.

Maison à Croton Reservoir

Les caractéristiques du terrain – proche d'un lac d'une réserve forestière de l'État de New York – ont déterminé la conception de ce projet. L'ensemble est divisé en deux corps de bâtiment qui définissent les niveaux : au rez-de-chaussée, le volume à parement de pierre locale s'adapte parfaitement à l'environnement, tandis qu'à l'étage, une structure légère en métal, bois et verre se tord librement pour profiter de la meilleure vue et de la plus grande quantité de lumière naturelle possible.

Huis in Croton Reservoir

De eigenschappen van het perceel – gelegen aan een meer in een beschermd bosgebied in de staat New York – hebben de uitvoering van dit project in grote mate bepaald. De algemene opzet voorziet in twee op elkaar geplaatste delen die tevens de verdiepingen zijn: de begane grond past zich dankzij de met plaatselijk steen beklede gevel perfect aan de omgeving aan, terwijl de eerste verdieping, een licht geheel van metaal, hout en glas, vrijelijk vormen aanneemt voor een optimaal uitzicht en de grootste hoeveelheid daglicht.

Right

The materials used and the simple exterior design, inspired by local summer cabins, perfectly adapt the house to its environment.

Rechts

Das Haus fügt sich perfekt in die Umgebung ein. Dies liegt zum einen an der Wahl der Materialien und zum anderen an der schlichten Außengestaltung, die an die Ferienhäuschen der Region erinnert.

À droite

La maison s'adapte parfaitement à son environnement grâce aux matériaux choisis et à sa forme simple, inspirée par les chalets de vacances de la région.

Rechts

Dankzij de gebruikte materialen en een eenvoudig buitenontwerp dat is geïnspireerd op de vakantiehuisjes in het gebied, past het huis zich perfect aan de omgeving aan.

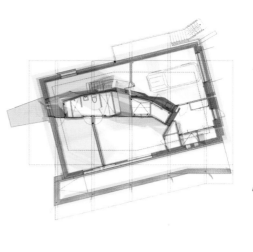

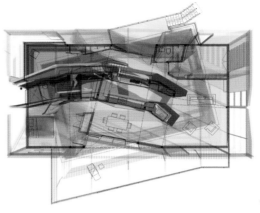

Renders

Below

The house is organized around a structural "heart" which holds the shared facilities and the central heating/cooling system, leaving the rest of the space completely free.

Unten

Das Haus ist um einen zentralen Kern organisiert, welcher die Funktionsräume und eine intelligente Klimaanlage beherbergt. Daneben gibt es keine Trennwände.

Ci-dessous

La maison s'organise autour d'un cœur structurel, qui abrite les pièces de service et un système de climatisation intelligent, en libérant totalement le reste de l'espace.

Onder

Het huis bevat een centrale kern dat het toilet en een intelligent air conditioningssysteem herbergt, terwijl de rest van de ruimte open is gebleven.

elow

he boldly designed upper level is
ivided by an angular central
olume which creates a dynamic
nd sophisticated space.

Unten

Im Innenbereich des Hauses gibt es
die unkonventionellsten Lösungen:
So teilt der zentrale Kern mit
verwinkelten Ebenen das Obergeschoss; es entsteht ein dynami-
scher und raffinierter Raum.

Ci-dessous

Des solutions hardies ont été
adoptées : l'étage, divisé par le
volume central, montre des plans
angulaires qui créent un espace
dynamique et sophistiqué.

Onder

In het interieur van het huis is voor
gewaagde oplossingen gekozen:
de bovenverdieping heeft een centrale ruimte met hoekige vlakken
die de ruimte dynamisch en ver-
fijnd maken.

In the face of the reserved cleanliness and completion of Greco-Latin tradition, Romanticism is the movement behind the unfinished, the imperfect, and the individual. Thus nothing is closer to the Romantic tradition than those houses constructed atop steep cliffs, on far-off beaches beside fierce oceans, in arid deserts miles from any other human life, or on high mountain summits overlooking deep valleys. Such Romantic houses, as much as they complement and complete their environment, also contain a certain sense of the infinite. The majority of them house those who have chosen solitude, privacy, and a certain epic feeling over all that is said to be more conventional, comfortable, and social. An architect who chooses to design and construct a house such as the ones shown in this chapter is faced with a double, and poetic, challenge: on the one hand, to take advantage of the absolute freedom provided by the natural surroundings without concern for nearby urban zones that could affect the design; and on the other, to battle with the specific contingencies imposed by each unique location.

Die Romantik ist die Bewegung der Unvollständigkeit und Unvollkommenheit. Sie wirkt individuell und steht damit im Gegensatz zum abgeschlossenen und vollkommenen gräkoromanischen Stil. Nichts spiegelt daher die romantische Geisteshaltung so sehr wider wie die Häuser an der schroffen Steilküsten, an einsamen Stränden mit tosendem Meer, in trockenen Wüsten, kilometerweit von jeglicher Zivilisation entfernt oder auf dem Gipfel hoher Berge, mit Blick auf die tiefen Täler. Romantische Häuser fügen sich sofort in den Ort ein und vervollständigen ihn. Sie wirken anziehend durch eine gewisse Entrücktheit. Die Besitzer solcher Häuser suchen meist die Einsamkeit, eine Privatsphäre, und haben eine eher epische Einstellung zu den konventionelleren, bequemen oder sozialen Lebensmodellen. Für einen Architekten ist die Entwicklung und Konstruktion von Häusern wie in diesem Kapitel eine doppelte Herausforderung: Auf der einen Seite profitiert er von der vollständigen Freiheit in der natürlichen Umgebung, unabhängig von Bezugspunkten oder nahe gelegenen Stadtvierteln, die das Projekt beeinflussen würden. Andererseits, als poetischer Gegenzug, muss er sich mit den Beschränkungen auseinandersetzen, die eine solch einzigartige Umgebung mit sich bringt.

Isolated Houses
Entlegene Häuser
Maisons extrêmes
Huizen op de grens

Le romantisme est le mouvement de l'inachevé, de l'imparfait, de l'individuel, par opposition à la tradition gréco-latine d'œuvres achevées. Aussi rien n'est plus proche de l'idée romantique que ces maisons édifiées sur des pentes abruptes, près de plages isolées face à l'océan, dans des déserts arides à des kilomètres de toute présence humaine ou sur les cimes de hautes montagnes dominant d'étroites vallées. Dans la majorité des cas, il s'agit de résidences dont les propriétaires ont rejeté toute proposition conventionnelle, pratique et sociale, optant résolument pour la solitude, l'intimité et un certain sentiment épique. Pour l'architecte, concevoir et construire une maison comme celles que nous découvrons tout au long de ce chapitre implique de relever un double défi : d'une part, profiter et tirer parti de la liberté absolue qu'offre un environnement vierge, sans références ni zones urbanisées proches pouvant conditionner le projet ; d'autre part, surmonter les contingences imposées par ce milieu singulier.

Romantiek is de stroming van het onafgemaakte, het imperfecte, het individuele, en staat zo tegenover de gesloten en complete werken van de Grieks-Romeinse traditie. Vanuit dit oogpunt ligt er niets dichter bij de romantische traditie dan de huizen die gebouwd zijn op ruige hellingen, op afgelegen kuststroken aan de woeste zee, in dorre woestijnen op kilometers afstand van een levende ziel, of op de top van een berg boven een diepe vallei. Romantische huizen bezitten een zekere ondoorgrondelijkheid; ze worden aangevuld door hun omgeving en completeren deze tegelijkertijd. Hun bewoners hebben bewust gekozen voor eenzaamheid en privacy, in plaats van voor conventionalisme, comfort, het contact met anderen. Voor een architect vormt het ontwerpen en bouwen van huizen zoals die we in dit hoofdstuk zullen zien, een dubbele uitdaging: enerzijds geeft de natuurlijke omgeving hem absolute vrijheid, zonder stedelijke referentiepunten in de buurt die het project zouden kunnen beïnvloeden. Anderzijds moet hij de strijd aangaan met de beperkingen die hem door dezelfde natuurlijke omgeving worden opgelegd.

Olsson Residence

Architect: Wingårdh Arkitektkontor

Home in Särö

The layout of this house is extraordinarily simple and open, its two volumes leaning back against the slight slope of the hill and opening upon a vast patio which is enclosed by a long narrow swimming pool. The house, which has a reinforced concrete frame, looks out upon the sea with a glass façade. Inside, the two large spaces – kitchen, dining room, and living room on the lower level, two bedrooms on the upper – emphasize the contrast between the solidity of the concrete walls and the lightness of the glass.

Haus in Särö

Die beiden Baukörper dieses Hauses haben einen raffiniert simplen und offenen Grundriss und sind an eine leichte Steigung gebaut. Sie münden in einem großen geschlossenen Innenhof, der mit einem länglichen, schmalen Schwimmbecken abschließt. Die Grundstruktur des Gebäudes besteht aus Stahlbeton. Die Fassade zum Meer hin ist vollständig verglast. Das Interieur hat zwei Bereiche: Küche, Esszimmer und Wohnzimmer im Erdgeschoss sowie zwei Schlafzimmer im oberen Stockwerk. Diese großen Innenräume betonen den Kontrast zwischen den massiven Betonmauern und der optischen Leichtigkeit des Glases.

Maison à Särö

Cette maison au plan extrêmement simple et ouvert s'adosse à une pente légère et se prolonge par une grande terrasse que limite une piscine allongée et étroite. L'habitation, à la structure en béton armé, présente une façade entièrement vitrée côté mer. À l'intérieur, deux grands espaces – cuisine, salle à manger et salle de séjour au rez-de-chaussée ; deux chambres au niveau supérieur – soulignent l'opposition entre la solidité des murs de béton et la légèreté du verre.

Woning in Särö

De twee delen van dit huis met zeer eenvoudige en open opzet leunen tegen een lichte helling en komen uit op een grote gesloten patio met een lang en smal zwembad. De woning, met een skelet van gewapend beton, heeft een volledig glazen gevel met uitzicht op de zee. In het huis markeren twee grote ruimten – de keuken, eetkamer en woonkamer op de begane grond en twee slaapkamers op de bovenverdieping – het contrast tussen de soliditeit van de betonnen muren en de lichtheid van het glas.

eft

nclosed on three sides, the
ouse creates a kind of "boxed
ewpoint," which opens towards
he sea with a large glass façade.

inks

Die Baukörper des Hauses sind auf
rei Seiten geschlossen. So ent-
teht eine Art "Schaukasten", der
ich durch die große Glasfassade
um Meer hin öffnet.

gauche

ermée sur trois côtés, la villa
voque, grâce à sa grande façade
ntièrement vitrée, une sorte de
« boîte belvédère » ouverte sur la
her.

inks

Doordat het huis aan drie kanten
esloten is, lijkt het een soort 'kijk-
loos', die zich naar de zee toe
pent met een gevel van glas.

Above and right

The open layout is visible in the manner in which the different spaces are defined by the furniture and, above all, by the central stairway that divides the house into two parts.

Oben und rechts

Das Haus hat einen offenen Grundriss; die verschiedenen Bereiche sind durch Möbel voneinander abgegrenzt. Die Trennung ergibt sich aber vor allem durch die Treppe in der Mitte des Baukörpers.

Ci-dessus et à droite

La maison étant de plan libre, les différents espaces sont définis par le mobilier et, surtout, par l'escalier qui, placé au centre, divise le volume en deux.

Boven en rechts

Het huis heeft een zeer open opzet: de verschillende vertrekken worden begrensd door meubels en, vooral, door de in het midden geplaatste trap, die de woning in twee helften verdeelt.

House in Hakuba

Architect: Satoshi Kuwahara

Contemporary Refuge

Located in the Japanese Alps, this vacation home is a restrained reinterpretation of the classic mountain refuge. The house, resting on an insulating antiseismic concrete base, is made completely of wood, the only exception being the strongly gabled metal roof. Although the exterior design is traditional, the interior, with its open layout and attic framed by floor-to-ceiling windows, is remarkably contemporary.

Zeitgenössische Berghütte

Dieses Ferienhaus befindet sich in den Japanischen Alpen. Es ist eine dezente Neuinterpretation der klassischen Berghütte. Das Gebäude steht auf einem isolierten erdbebensicheren Betonfundament. Mit Ausnahme des spitzen Metall-Satteldachs besteht der Baukörper vollständig aus Holz. Die Außenfassade wirkt sehr traditionell, während der Innenbereich sich absolut zeitgenössisch präsentiert. Er besticht durch einen offenen Grundriss und ein Zwischengeschoss, das auf eine Fassade mit großen Fenstern zuläuft.

Un refuge contemporain

Cette maison de vacances des Alpes japonaises est une interprétation mesurée du classique refuge de montagne. Le chalet, qui repose sur un socle isolant antisismique en béton, est entièrement construit en bois, à l'exception de la toiture métallique à deux versants très pentus. Si l'extérieur est traditionnel, l'intérieur, de plan libre et à comble s'achevant sur une grande baie vitrée, a un aspect résolument contemporain.

Moderne blokhut

Dit vakantiehuis in de Japanse Alpen is een bescheiden herinterpretatie van de klassieke blokhut in de bergen. Het huis staat op een isolerende en tegen aardbevingen versterkte betonnen fundering. Op het steile metalen zadeldak na is het huis volledig van hout gemaakt. Hoewel de buitenkant van het huis redelijk traditioneel is, heeft het een opvallend modern interieur, met een open tussenverdieping en een gevel met zeer grote ramen.

Left

Thanks to a large glass façade, the spectacular views can be enjoyed from any part of the house, including the attic, which holds the main bedroom.

Links

Durch die große Glasfassade kann man im ganzen Haus die spektakuläre Aussicht genießen – selbst vom Zwischengeschoss aus, in dem sich das Schlafzimmer befindet.

À gauche

La grande baie vitrée en façade permet d'apprécier un spectaculaire panorama depuis n'importe quelle pièce de la maison, y compris des combles, où est aménagée la chambre principale.

Links

De gevel die volledig uit glas bestaat, biedt een spectaculair uitzicht vanuit elk punt in het huis, ook vanuit de tussenverdieping, waar de hoofdslaapkamer zich bevindt.

Below and right

Separated from the living room and kitchen, the rear part of the ground floor holds a spare bedroom and a small workspace.

Unten und rechts

Im hinteren Gebäudeteil befinden sich ein zusätzliches Schlafzimmer und ein kleiner Arbeitsbereich. Er ist vom Wohnzimmer und der im Erdgeschoss liegenden Küche abgetrennt.

Ci-dessous et à droite

Séparé de la salle de séjour et de la cuisine, installée au rez-de-chaussée, l'arrière de la maison accueille une autre chambre et un petit bureau.

Onder en rechts

Het achterdeel van het huis, dat is afgescheiden van de woonkamer en de keuken op de begane grond, bevat een extra slaapkamer en een kleine werkruimte.

The wood stove is the center of this sparsely furnished living room. Above all, this house is an exercise in humility in the face of the extraordinary landscape that surrounds it.

Links

Zwischen den wenigen Möbeln fällt am meisten der Holzofen ins Auge, der in der Mitte des Raumes steht. Das Haus ist vor allem eine Huldigung an die fantastischen Ausblicke ringsherum.

À gauche

Un poêle à bois est installé au centre de la salle de séjour, relativement peu meublée. Ce chalet est le fruit d'un exercice d'humilité face aux extraordinaires paysages qui l'entourent.

Links

Tussen het weinige meubilair vormt een kleine houtkachel het middelpunt van de woonkamer. Het huis ademt vóór alles ingetogenheid ten opzichte van het buitengewone uitzicht.

Baja California House

Architect: Leddy Maytum Stacy Architects

Refuge on the Mexican Coast

In order to take advantage of the great 70 m (230 ft) of terrain, a series of footpaths, patios, and gardens wind about and lead to this seaside refuge. The house makes use of its extraordinary location with large windows, patios, and wide open spaces all overlooking the magnificent views. In order to provide complete isolation and independence, a set of solar panels supply all the necessary electricity.

Domizil an der mexikanischen Küste

Um das 70 m lange Grundstück perfekt zu nutzen, wurden verschiedene Pfade, Innenhöfe und Gärten auf dem Weg zum Wohnhaus angelegt, Die großen Fenster, die Innenhöfe und die Außenanlagen betonen die außergewöhnliche Lage des Hauses: ringsum bietet sich eine herrliche Aussicht. Auf diesem abgelegenen Anwesen erzeugen Fotovoltaikpaneele den gesamten Strom.

Un refuge sur la côte mexicaine

Tirant parti du grand terrain de 70 m de longueur, un itinéraire de sentiers, de patios et de jardins conduit jusqu'à la demeure qu'ils mettent en valeur. Bénéficiant d'une situation extraordinaire, cette villa jouit d'un panorama magnifique, grâce à ses vastes baies vitrées, ses patios et ses espaces ouverts. L'isolement de la propriété est rappelé par les panneaux solaires, qui fournissent l'électricité nécessaire à ses occupants.

Toevluchtsoord aan de Mexicaanse kust

Om optimaal gebruik te maken van het grote, 70 meter lange perceel strekt dit project zich uit over paadjes, patio's en tuinen, die uiteindelijk leiden naar de woning. Het huis staat op een prachtige locatie en heeft grote ramen, patio's en buitenplaatsen die naar alle kanten een magnifiek uitzicht bieden. De zonnepanelen voorzien het huis van elektriciteit en versterken het geïsoleerde karakter ervan.

Left and right

From the red tower-like cube
to the large blue-mosaicked wall,
the central patio contains an
interesting contrast of forms,
materials, and colors.

Links und rechts

Im mittleren Innenhof ergibt sich
ein interessanter Kontrast von Formen, Materialien und Farben. Auffällig sind etwa der kräftig rote
Baukörper, der an einen kleinen
Festungsturm erinnert und die
überdimensionale Mauer, die mit
einem blauen Mosaik dekoriert ist.

à gauche et à droite

Un intéressant contraste entre
formes, matériaux et couleurs –
du cube rouge, qui évoque un petit
donjon, au long mur de mosaïque
bleue – se perçoit dans le patio
central.

Links en rechts

In de centrale patio wordt het interessante contrast tussen vormen,
materialen en kleuren duidelijk;
van het rode deel dat lijkt op een
torentje tot de zeer lange, met
mozaïek versierde muur.

Most of the façades are ochre-colored, thus integrating with the surrounding landscape and emphasizing the other more colorful elements of the house while paying homage to the vernacular architecture of Mexico.

Die meisten Fassaden sind ockerfarben gestrichen. So fügen sie sich in die Küstenlandschaft ein und betonen die übrigen farbigen Elemente; eine derartige Gestaltung der Gebäude findet man oft in der mexikanischen Architektur.

La plupart des façades, de couleur ocre, s'intègrent au paysage et soulignent les autres éléments de couleur ; une solution qui rappelle l'architecture traditionnelle mexicaine.

Bijna alle gevels, die okerkleurig zijn, zijn in het kustlandschap geïntegreerd en vestigen de aandacht op de overige kleurelementen, een oplossing die kenmerkend is voor de inheemse Mexicaanse architectuur.

All the outside patios and terraces
are protected from the strong
winds by the building's large eaves
or high walls.

Um die Innenhöfe und Terrassen
vor dem starken Wind zu schützen, sind alle Außenbereiche mit
Überdachungen oder durch Mauern abgeschirmt.

Pour protéger des vents les patios
et les terrasses, tous les espaces
extérieurs sont abrités par de
vastes auvents ou des murs hauts.

Om de patio's en terrassen te
beschermen tegen de sterke wind
zijn alle buitenruimten omgeven
door grote dakranden of muren.

Dune Residence

Architect: Lynne Breslin Architects

Dune House

This house, located on a solitary Long Island beach, is a magnificent interpretation of coastal topography: every piece of its structure imitates the movements of the sea and the sand, and symbolizes the transition between water and land. The roof is divided into three wave-like sections that provide vitality to the façade and form a terrace overlooking the stunning landscape. The interior design emphasizes the enormous 10 m (33 ft) high living room with its floor-to-ceiling window facing the Atlantic Ocean.

Haus in den Dünen

Dieses Haus an einem einsamen Strand in Long Island verkörpert eine außergewöhnliche Interpretation der Küstenlandschaft: die gesamte Struktur stellt Meeres- und Sandbewegung dar und markiert symbolisch den Übergang vom Wasser zum Festland. Das Dach ist in drei gewellte Abschnitte unterteilt. Sie verleihen den Fassaden Dynamik und bilden eine Plattform, von der aus man die fabelhafte Aussicht genießen kann. Das riesige verglaste Wohnzimmer ist zehn Meter hoch und zum Atlantik hin ausgerichtet.

Maison sur la dune

Cette villa, située sur une plage isolée de Long Island, est une magnifique interprétation de la topographie côtière : imitant le mouvement de la mer et du sable, la structure marque symboliquement la transition entre l'océan et la terre. La toiture se compose de trois pans ondulés qui dynamisent les façades et forment une terrasse permettant de jouir d'un panorama exceptionnel. L'intérieur de la maison se distingue par son vaste salon entièrement vitré, de 10 m de hauteur sous plafond, qui donne sur l'Atlantique.

Huis in de duinen

Dit huis ligt aan een afgelegen strand op Long Island en is een prachtig voorbeeld van hoe de eigenschappen van een kustgebied in een bouwwerk vertaald kunnen worden: de hele constructie imiteert de beweging van zand en zee en vormt een symbolische overgang tussen het water en het vasteland. Het dak is verdeeld in drie golvende delen die de gevels een zekere dynamiek geven en een plek om te genieten van het buitengewone uitzicht. Het huis heeft een opvallende woonkamer van tien meter hoog die volledig omgeven is door glas en uitzicht biedt op de Atlantische Oceaan.

Right

The rear façade stands out for its floor-to-ceiling windows and the way in which it curves, winding around the living room, which enjoys a spectacular view.

Rechts

Die hintere Fassade besticht durch die großen Fensterflächen und die raffinierte kurvige Form. Dieser Gebäudeteil umschließt das Wohnzimmer, welches weite Panoramablicke bietet.

À droite

La façade arrière est marquée par l'importante surface de baies vitrées et la courbe qui définit la salle de séjour, d'où l'on jouit d'un vaste panorama sur les alentours.

Rechts

De achtergevel valt op door de grote glazen oppervlakken en de rondingen in de buitenmuur van de woonkamer, van waaruit van prachtige vergezichten genoten kan worden.

Left

In order to maintain the purity of the lines throughout the house, the parquet is made of clear-toned wood. The same white has been used for both the façade and the interior.

Links

Zur Unterstreichung der puristischen Linienführung ist der Innenbereich im gleichen Weiß gehalten wie die Außenfassaden. Der Boden ist mit hellem Parkett ausgelegt.

À gauche

Afin de conserver les lignes épurées de cette villa, le blanc – identique à celui de la façade – et un parquet en bois de couleur claire ont été choisis pour la décoration intérieure.

Links

Om de pure lijnen in het hele huis te behouden is voor een witte inrichting gekozen – wit is ook de kleur van de gevels – en voor licht houten parket op de vloeren.

Right

All of the rooms are spacious and luminous; in the bathroom a large skylight floods the shower with natural light.

Rechts

Alle Räume sind weitläufig und hell. Im Badezimmer befindet sich ein großes Dachfenster über der Dusche, durch das Tageslicht eintritt.

À droite

Toutes les pièces sont vastes et lumineuses. Dans la salle de bain, le problème de l'éclairage a été résolu par le percement d'un puits de lumière dans le plafond de la douche.

Rechts

Alle vertrekken zijn ruim en licht; in de badkamer is het probleem van de verlichting opgelost met een groot dakraam dat de douche hult in daglicht.

Mataja Residence

Architect: Hagy Belzberg, Whittman Collaborative Architects

House on the Hill

This house, located high in the Malibu hills, takes advantage of the surrounding views with an intricate system of levels. Three horizontal tiers of different materials enhance its peculiar geometry: reinforced concrete, used in the foundation; glass walls that obliterate the boundary between interior and exterior; and a metallic roof.

Haus auf den Hügeln

Dieses Haus auf den Hügeln von Malibu nutzt die vielen Ausblicke der Umgebung optimal aus. Ermöglicht wird dies durch eine komplizierte Verbindung der Baukörper. Optisch gliedert sich das Gebäude horizontal in drei verschiedene Bereiche, die aus unterschiedlichen Materialien bestehen: im unteren Bereich Stahlbeton, in der Mitte Glas und oben die Dachkonstruktionen aus Metall. Dadurch wird die einzigartige Geometrie des Gebäudes betont. Durch die Verwendung von Glas scheinen Innen- und Außenbereich ineinander überzugehen.

Une maison à Malibu

Cette villa, édifiée sur les hautes collines de Malibu, permet de jouir des vastes panoramas qui l'entourent grâce à un jeu de volumes intriqués, dont la géométrie particulière est rehaussée par trois strates de matériaux : le béton armé comme socle, le verre des façades, pour effacer toute démarcation entre intérieur et extérieur, et le métal en couverture pour la toiture.

Het huis op de heuvel

Dit huis, gelegen in de hoge heuvels van Malibu, maakt optimaal gebruik van de prachtige vergezichten door middel van een ingenieus vormenspel. Drie horizontale elementen van verschillende materialen accentueren de bijzondere geometrie van de woning: gewapend beton in het onderste deel, glas, dat de scheiding tussen binnen en buiten opheft, en metaal, dat voor de daken is gebruikt.

Left

This house, located in a particularly arid area, is surrounded by small gardens and rock patios containing cactuses and other samples of local vegetation.

Links

Das Grundstück befindet sich in einer besonders trockenen Region. Um das Haus herum entstanden daher kleine Gärten und Innenhöfe mit Steinen, Kakteen und regionalen Pflanzen.

À gauche

La maison, située dans un paysage particulièrement aride, est entourée de petits jardins de rocaille et de patios où se mêlent pierres, cactus et plantes indigènes.

Links

Dit huis staat in een zeer dorre omgeving. Rondom de woning zijn kleine tuinen aangelegd en er zijn patio's met stenen, cactussen en inheemse planten gecreëerd.

Right and previous pages

The house is able to lean against the slope of the hill by means of a curve that follows the topography, slightly inclined roofs, and reinforced concrete.

Rechts und vorherige Seiten

Das Gebäude besteht aus einer kurvigen, der Anhöhe folgenden Konstruktion mit leicht geneigten Dächern und Stahlbeton. So passt es sich an das Profil des Hügels an.

À droite et pages précédentes

La maison, adossée à la pente de la colline, présente une composition curviligne qui suit la topographie, une toiture à faible pente et des murs en béton armé.

Rechts en vorige bladzijde

De woning leunt tegen de heuvel door middel van een gebogen opzet die de lijn van het terrein volgt, licht hellende daken en gewapend beton.

The hilltop location determined the house's layout; the communal areas have spectacular views overlooking the mountain while the shared facilities are located along the rear façade.

Die Hügellage des Hauses war entscheidend für die Festlegung der Raumaufteilung. Die Gemeinschaftsbereiche bieten fantastische Ausblicke auf die Berge; der Funktionsbereich liegt an der hinteren Fassade.

Sa situation sur une colline a décidé de la distribution des espaces de la maison : les parties communes ouvrent sur un spectaculaire panorama montagneux tandis que les pièces de service s'adossent à la façade arrière.

De plaatsing van de woning op een heuvel heeft de indeling van de ruimte bepaald: de gemeenschappelijke ruimten hebben een fantastisch uitzicht op de berg en de functionele vertrekken liggen aan de achtergevel.

House in Miravalle

Architect: Ben Wood & Carlos Zapata

Residence Overlooking the Cotopaxi Volcano

This project's greatest challenge consisted in designing a house that took advantage of the spectacular location and preserved, at the same time, the privacy of its inhabitants. Thus the part of the house facing the landscape opens up completely, while the street side closes hermetically with an imposing concrete façade. The house's two wings form a wide angle in order to ensure the best view of the mountains. The main wing ends in a long terrace that continues out from the dining room, creating a lookout point with a panoramic view.

Residenz mit Blick auf den Vulkan Cotopaxi

Die größte Herausforderung bei diesem Projekt bestand darin, ein Haus zu gestalten, in dem die Bewohner den spektakulären Ort ungehindert genießen können und gleichzeitig genügend Privatsphäre haben. Das Gebäude öffnet sich vollständig zur Landschaft hin. Von der Straße aus hat man dagegen einen beeindruckenden Baukörper aus Beton vor Augen, welcher das Domizil hermetisch abschließt. Die beiden Gebäudeflügel bilden zusammen einen weiten Winkel und garantieren so die schönsten Ausblicke auf die Berge. Der Hauptflügel mündet in einer auskragenden Terrasse, die vom Esszimmer ausgeht und auch als Aussichtsplattform dient.

Résidence avec vue sur le volcan Cotopaxi (Équateur)

Le plus grand défi de ce projet consistait à concevoir une demeure qui profiterait de sa spectaculaire orientation tout en préservant l'intimité de ses occupants. Aussi la maison est-elle entièrement ouverte sur le paysage alentour, à l'exception du côté rue où s'élève une imposante façade de béton. Ses deux ailes forment entre elles un angle ouvert, afin d'offrir le meilleur panorama sur le volcan. L'aile principale s'achève par une terrasse qui se prolonge en passerelle belvédère depuis la salle à manger.

Villa met uitzicht op de vulkaan Cotopaxi

De grootste uitdaging bij dit project bestond uit het ontwerpen van een huis dat het beste zou halen uit de spectaculaire ligging, zonder de privacy van zijn bewoners in het geding te brengen. De woning opent zich volledig richting het landschap, maar is aan de straatkant hermetisch afgesloten door een imposant betonnen element. De twee vleugels waaruit het huis bestaat, liggen in een zeer ruime hoek ten opzichte van elkaar om het uitzicht op de omgeving te waarborgen. De hoofdvleugel eindigt bij een zwevend terras dat zich vanuit de eetkamer als uitkijkpunt ontvouwt.

At one end of the house a terrace stretches out beside the pool, creating a lookout point with spectacular views of the valley and mountains.

Auf einer Seite des Hauses erstreckt sich die Terrasse in einer Auskragung entlang des Swimmingpools. Von hier hat man spektakuläre Ausblicke auf das Tal und auf die Berge.

À l'une des extrémités de la maison, près de la piscine, la terrasse se prolonge dans le vide comme un belvédère, d'où l'on jouit de vues spectaculaires sur la vallée et les montagnes.

Aan een van de uiteinden van het huis strekt zich naast het zwembad een zwevend terras uit dat een spectaculair uitzicht biedt op de vallei en de bergen.

bove and left

he façade overlooking the
alley and mountains, made of
reen-tinted glass, allows for an
nceasing appreciation of the
ew.

Oben und links

Für die zum Tal und zu den Bergen
hin ausgerichtete Fassade wurde
grün getöntes Glas verwendet. So
kann man jederzeit das wunderschöne Panorama genießen.

Ci-dessus et à gauche

La façade orientée vers la vallée et
les montagnes est une vaste baie
vitrée, de teinte verte, qui permet
de profiter en permanence du
panorama.

Boven en links

De gevel aan de kant van de vallei
en de bergen is voorzien van
groen glas waardoor permanent
van de panoramische vergezichten
genoten kan worden.

Below and right

The rooms on the ground floor are organized around the house's high-ceilinged central axis, which has inclined cement walls and features enormous sliding doors.

Unten und rechts

Die verschiedenen Zimmer des Erdgeschosses sind um die Hauptachse organisiert, einem hohen Raum mit geneigten Wänden aus Sichtbeton und großen Schiebetüren.

Ci-dessous et à droite

De grande hauteur sous plafond, l'axe central autour duquel s'articulent les différentes pièces du rez-de-chaussée est bordé de murs inclinés en béton apparent, percés d'ouvertures que ferment d'énormes portes coulissantes.

Onder en rechts

De centrale as waaromheen de verschillende vertrekken van de begane grond zijn gelegen, is een zeer hoog vertrek met hellende muren van zichtbaar beton en enorme schuifdeuren.

Below and right

This house stands out for its curved and slanting walls, which create an interesting play of constructive tensions.

Unten und rechts

Das Haus besticht durch die Form seiner großen verwinkelten Räume: Alle Wände sind kurvig und geneigt. Dies sorgt im Gebäudeinneren für ein interessantes Spiel mit räumlichen Spannungen.

Ci-dessous et à droite

L'intérieur de la maison se distingue par ses murs courbes et inclinés qui définissent de vastes espaces angulaires et créent un intéressant jeu de tensions.

Onder en rechts

Het huis valt op door de bijzondere vorm van zijn grote vertrekken: alle muren zijn gebogen en hellend en creëren zo een constructieve spanning in het interieur.

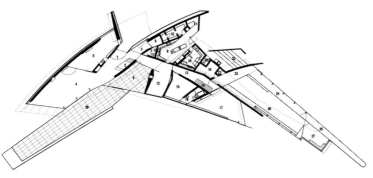

Ground floor

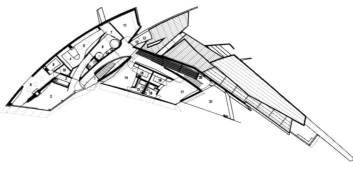

Second floor

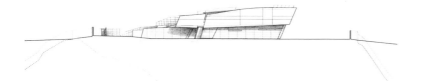

Elevations

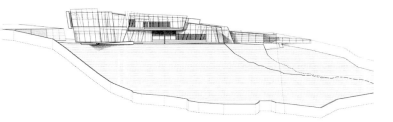

The house's constructive core is
made of reinforced concrete;
a light metal frame supports the
glass north façade.

Links

Der Baukern des Hauses ist aus
Stahlbeton; die Nordfassade ist
vollständig verglast. Sie wird
jedoch durch eine leichte Metall-
konstruktion stabilisiert.

À gauche

L'axe de construction de la maison
est en béton armé. La façade nord,
entièrement vitrée, est supportée
par une structure légère en métal.

Links

Het skelet van het huis is van
gewapend beton. De noordgevel
die helemaal van glas is, wordt
gedragen door een lichte metalen
constructie.

Robertson House

Architect: Dawson Brown Architecture

House in Palm Beach

This house is located in Ku-ring-gai Chase national park, on a small island accessible only by boat. The design takes maximum advantage of the exterior space with two pavilions which seem to be growing out of the landscape. One of them, located on the lower part of the slope, holds a guest room, study, kitchen, and dining room; the bedrooms are more isolated within the second pavilion, higher on the hill.

Haus in Palm Beach

Das Grundstück dieses Hauses befindet sich im Nationalpark Ku-ring-gai, auf einer kleinen Insel, die nur mit einem Boot zu erreichen ist. Mit der Gestaltung wurde versucht, die Umgebung maximal zu integrieren. So verschmelzen die beiden Pavillons mit der Landschaft. Der Baukörper am unteren Teil des Hangs beherbergt das Gästezimmer, ein Büro, die Küche und das Esszimmer. Die Schlafzimmer sind abgelegener; sie befinden sich in dem Pavillon oben auf dem Hügel.

Maison à Palm Beach

Le terrain sur lequel a été construite cette villa est situé dans le Parc national de Ku-ring-gai, sur un îlot australien qu'on ne peut atteindre qu'en bateau. Elle s'organise en deux pavillons, parfaitement intégrés au paysage, car le défi était de tirer profit au maximum des espaces extérieurs. Le premier, qui occupe le bas de la colline, abrite les chambres d'amis, un atelier, la cuisine et la salle à manger ; les chambres, plus isolées, sont aménagées dans le second, situé en hauteur.

Huis in Palm Beach

Het perceel voor dit project ligt op een eilandje in het Nationaal Park van Ku-ring-gai dat alleen per boot bereikbaar is. De ontwerpers wilden het beste halen uit de buitenruimten met twee paviljoenen die versmelten met het landschap. In het paviljoen onder aan de helling bevinden zich het gastenverblijf, een studio, de keuken en de eetkamer. De slaapkamers liggen wat afgezonderd in het paviljoen boven aan de helling.

Below and right

The pavilions, built with simple steel and glass frames, are constructed on a solid concrete and stone foundation.

Oben und rechts

Die Pavillons stehen auf einem soliden Fundament aus Beton und Stein. Formgebend sind zwei einfache Gerüste aus Stahl und Glas.

Ci-dessous et à droite

Les pavillons, posés sur un socle en béton et pierre, sont deux simples structures de verre et d'acier.

Onder en rechts

De paviljoenen staan op een solide basis van beton en steen. Ze hebben een eenvoudig framewerk van staal en glas.

Left and below

The lower pavilion, whose façades are made of glass in order to take advantage of the spectacular views, is divided into two zones which are connected by a large wooden terrace.

Links und unten

Der untere Pavillon ist vollständig verglast. So bietet sich ein ungehinderter Blick auf die spektakuläre Landschaft. Der Baukörper ist in zwei Bereiche unterteilt, die durch eine breite Holzterrasse miteinander verbunden sind.

À gauche et ci-dessous

Le pavillon du bas, entièrement vitré pour profiter du spectaculaire panorama, est divisé en deux zones d'habitation, reliées par une grande terrasse en bois.

Links en onder

De voorgevel van het onderste paviljoen bestaat volledig uit glas met het oog op de spectaculaire vergezichten. Het is verdeeld in twee gedeelten die middels een groot houten terras met elkaar verbonden zijn.

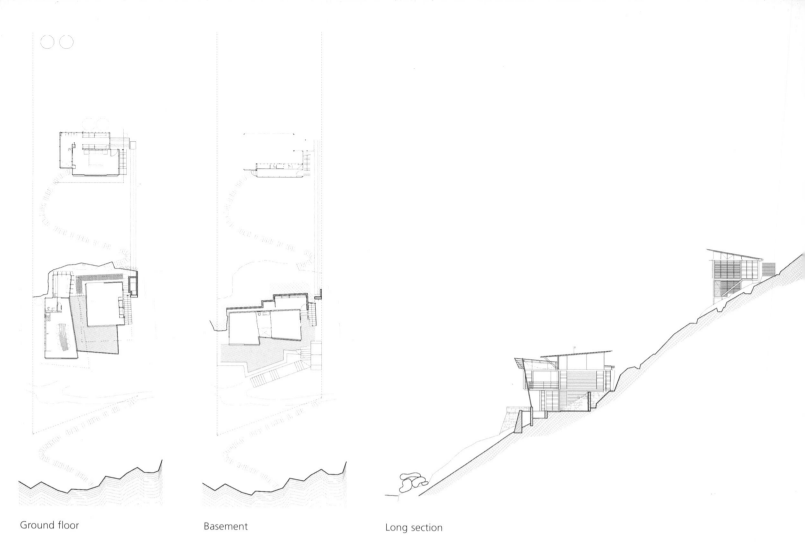

Ground floor

Basement

Long section

Aiguablava

Architect: Greek Design/Josep M.ª Font

Renovation in Costa Brava

This house is the result of the renovation of a preexisting house that, in spite of its beautiful location, did not overlook the sea. Thus the walls of the rear façade, which faces the cove, were replaced with floor-to-ceiling windows. The entire house is painted white, a tribute to traditional Mediterranean architecture. The interior was remodeled in order to enlarge the existing rooms and create a spacious living room overlooking the garden and sea.

Umgebautes Domizil an der Costa Brava

Das Haus ist das Resultat des Umbaus eines schon bestehenden Hauses. Obwohl das Gebäude einen privilegierten Standort hat, war es vor der Renovierung nicht zum Meer hin ausgerichtet und bot auch keinen entsprechenden Ausblick. So wurde die Fassade zur Bucht hin geöffnet und die Mauern durch große Fenster ersetzt. In Anlehnung an die typische mediterrane Architektur wurde das gesamte Gebäude weiß gestrichen. Der Innenraum wurde wieder hergestellt und die Räume vergrößert. Dazu errichtete man ein großes Wohnzimmer mit Ausblick auf den Garten und das Meer.

Maison rénovée sur la Costa Brava

À l'origine, cette maison, malgré sa situation privilégiée, n'était pas orientée vers la mer et l'on n'y jouissait d'aucun panorama. Aussi a-t-on ouvert la façade postérieure sur la crique en remplaçant les murs par de grandes baies vitrées. Reprenant l'un des caractères fondamentaux de l'architecture méditerranéenne, l'ensemble a été entièrement peint en blanc. L'intérieur a également été rénové, pour agrandir les pièces et créer une vaste salle de séjour avec vue sur le jardin et la mer.

Renovatie aan de Costa Brava

Dit huis is het resultaat van de renovatie van een bestaande woning, die ondanks de prachtige ligging niet op de zee gericht was en weinig uitzicht bood. Om die reden werden de muren van de achtergevel vervangen door grote ramen met uitzicht op de baai. Het hele huis werd wit geschilderd, overeenkomstig een van de fundamentele kenmerken van de mediterrane architectuur. Ook het interieur werd gerenoveerd om de vertrekken te vergroten. Er werd een grote woonkamer gecreëerd met uitzicht op de tuin en op zee.

The front of the house, with its interesting mélange of enclosed spaces, large stairways, and hanging gardens, contrasts with the view of the sea as seen from the rear façade.

Die Eingangsfront bietet ein interessantes optisches Spiel mit geschlossenen Räumen, langen Treppen und hängenden Gärten. Ein Kontrast dazu ist der freie Meerblick, den man nach hinten heraus genießen kann.

La façade d'entrée montre un intéressant jeu de volumes fermés, avec de grands escaliers et des jardins suspendus, tandis que les baies de la façade postérieure permettent de jouir de la vue sur la mer.

De gevel met de ingang vertoont een interessant spel van gesloten vertrekken, lange trappen en hangende tuinen, die contrasteren met het uitzicht op zee aan de achterkant.

Below

Much of this house's appeal
lies in its location, which offers
extraordinary views of the
Mediterranean coast.

Unten

Die Lage ist eines der attraktivsten
Merkmale des Hauses. Von diesem
Teil der Mittelmeerküste aus bieten
sich wunderschöne Ausblicke.

Ci-dessous

L'atout principal de cette
maison est son emplacement : elle
bénéficie en effet d'un panorama
extraordinaire sur cette partie de la
côte méditerranéenne.

Onder

De ligging is een van de aantrek-
kelijkste aspecten van het huis. Het
uitzicht op de Middellandse Zee is
magnifiek.

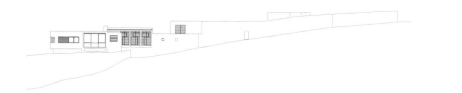

Elevations

Below and right

The living room is the house's central space. Thanks to the floor-to-ceiling windows on both façades, one can enjoy the view of the sea on one side and the Mediterranean pine forest on the other.

Unten und rechts

Das Wohnzimmer ist der Mittelpunkt des Hauses; durch die großen Fenster in beiden Fassaden kann man wahlweise den Blick auf das Meer oder den Pinienwald genießen.

Ci-dessous et à droite

La salle de séjour est la pièce principale de la maison. Grâce aux grandes baies vitrées de ses deux façades, elle bénéficie à la fois de vues sur la Méditerranée et sur la pinède.

Onder en rechts

De woonkamer is de belangrijkste ruimte in het huis. Dankzij de grote ramen in de gevels kan vanuit de woonkamer genoten worden van het uitzicht op de zee en op het mediterrane dennenbos.

Ground floor

Second floor

Roof plan

Below and right

The main bedroom, located in the highest part of the house, enjoys magnificent views, which can also be seen from the room's balcony and bathroom.

Unten und rechts

Das Hauptschlafzimmer befindet sich im obersten Gebäudeteil. Hier bieten sich fantastische Ausblicke, die man entweder vom Balkon oder vom Badezimmer aus genießen kann.

Ci-dessous et à droite

La chambre principale, aménagée dans la partie la plus élevée de la maison, offre un panorama magnifique, tant depuis son balcon que de sa salle de bain.

Onder en rechts

De hoofdslaapkamer bevindt zich in het hoogste deel van het huis en biedt een magnifiek uitzicht, waarvan ook vanaf het balkon en in de badkamer genoten kan worden.

Maniatis House

Architect: Peter Forbes

Residence in Seal Harbor

Located on an exuberantly natural island off the coast of Maine, this house is elevated above the slope in order to avoid harming the fragile environment. An enormous structure composed of beams and steel pillars supports the house, freeing the façades from weight while establishing a more spacious formal play. This also leaves room for numerous floor-to-ceiling windows which create a completely transparent building, open to light, air, and the magnificent panoramic view of the forest and sea.

Residenz in Seal Harbour

Dieses Haus befindet sich auf einer Insel mit üppiger Vegetation an der Küste des US-Bundesstaats Maine. Das Gebäude erhebt sich über den Abhang, an den es gebaut ist, so dass die Natur nicht zerstört wird. Die Konstruktion besteht aus einem Gerüst von mächtigen Stahlträgern und -pfeilern, welche die Fassade entlasten. Dadurch ist ein zwangloses Spiel mit leichteren Formen möglich. Die Fassaden haben große Fensterfronten, welche den Baukörper in einen vollständig durchlässigen Raum verwandeln: Licht und Luft können von außen eintreten, und von innen genießt man die wunderbaren Panoramablicke auf den Wald und das Meer.

Résidence à Seal Harbour

Édifiée sur une île où la végétation est luxuriante, proche de la côte de l'État du Maine, cette grande villa s'élève sur la pente d'une colline pour préserver la nature. L'ensemble s'appuie sur une structure composée d'énormes piliers et de poutres d'acier, solution qui libère la façade de charges et permet d'établir un jeu formel plus libre et d'offrir de grandes surfaces vitrées, créant un volume totalement perméable à la lumière et au magnifique panorama sur la mer et la forêt.

Villa in Seal Harbour

Dit huis op een eiland met zeer veel natuurschoon voor de kust van de staat Maine is zodanig geplaatst dat de vegetatie van het terrein niet te veel is aangetast. Het huis is gebouwd rondom een skelet van balken en enorme stalen palen die de gevel vrijwaren van te zware belasting. Door deze oplosing was een vrij vormenspel mogelijk en konden grote glazen oppervlakken gecreëerd worden. Daardoor werd het geheel zeer toegankelijk voor het licht en frisse lucht en biedt het een prachtig uitzicht op het bos en de zee.

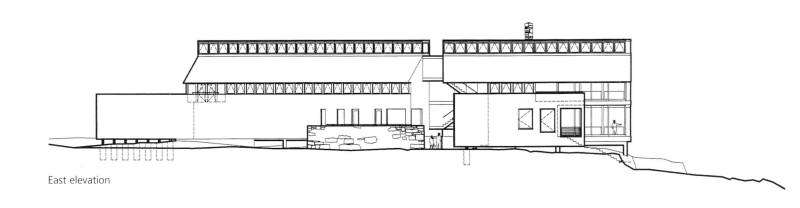

East elevation

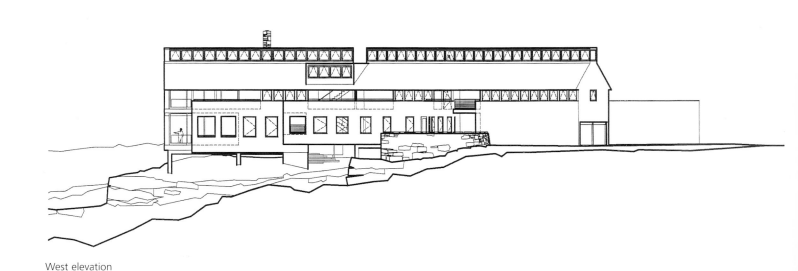

West elevation

eft

he façades become progressively
nore transparent beginning
orest-side and ending at the edge
f the hill, where the house is
ompletely encased in glass.

Links

Vom Wald bis an den Rand des
Abhangs werden die Fassaden des
Gebäudes immer transparenter.
Am Rand des Abhangs ist der Bau-
körper vollständig verglast.

À gauche

Les façades de la maison
prennent progressivement de la
transparence, de la forêt jusqu'en
limite de la pente, où elles
s'achèvent par un espace
entièrement vitré.

Links

Het transparante karakter van het
huis neemt steeds verder toe vanaf
de boszijde tot aan de rand van de
helling, waar de gevel volledig uit
glas bestaat.

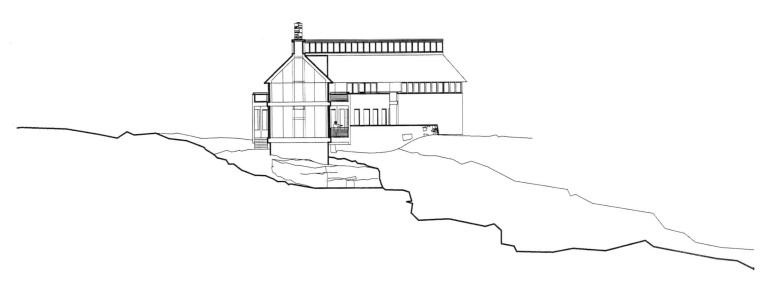

North elevation

South elevation

Right

The interior is a series of interrelated spaces creating a path that follows the light through the house's different levels, balconies, and overhangs, finally culminating in a gallery on the top floor.

Rechts

Die einzelnen Räume im Innenbereich sind miteinander verbunden: Dem Licht folgend führen sie über verschiedene Ebenen, Balkone und Gebäudevorsprünge und münden im obersten Stockwerk in einer Galerie.

À droite

L'intérieur est conçu comme une suite d'espaces reliés entre eux, créant ainsi un parcours lumineux passant par différents niveaux, balcons et saillants, qui s'achève dans la galerie du dernier étage.

Rechts

Het interieur bestaat uit een reeks onderling verbonden ruimten die overeenkomstig de loop van de zon een traject vormen langs verschillende niveaus, balkons en uitspringende delen, mondend in de galerij op de bovenste verdieping.

he gallery on the top floor
ontains a small space with
vooden seats which fold out of
he walls, perfect for enjoying the
xtraordinary view of the Atlantic.

Von der Galerie im obersten Stockwerk aus kann man die außer-
gewöhnlichen Ausblicke auf den
Atlantik genießen. Hier befinden
sich ausklappbare Holzsitze, die
ganz einfach wieder in der Mauer
verschwinden.

La galerie du dernier étage offre
un petit espace, meublé de sièges
en bois pouvant se replier dans le
mur, d'où l'on jouit d'un splendide
panorama sur l'Atlantique.

Vanaf de galerij op de bovenste
verdieping, met zijn houten
stoelen die in de muur ingeklapt
kunnen worden, kan genoten
worden van het buitengewoon
fraaie uitzicht op de Atlantische
Oceaan.

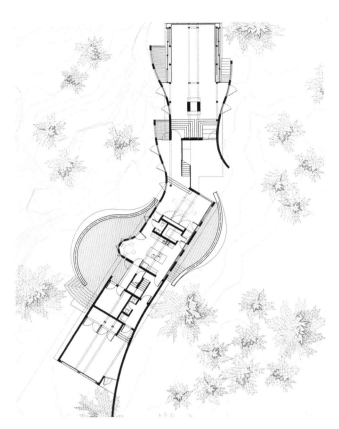

Ground floor

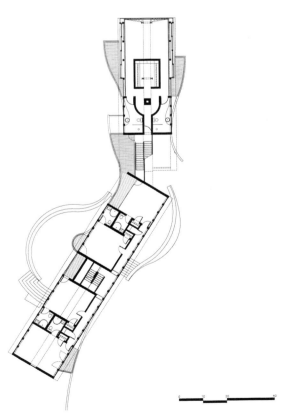

Second floor

House Equis

Architect: Barclay & Crousse Architecture

House in Cañete

This project, located on a precipitous region of the Peruvian coastal desert, forms part of a complex made up of two buildings separated by an outdoor stairway. The house, which adapts to the incline of the terrain with a solid ocher-colored concrete structure, is spread out across two levels: one for the bedrooms and the other for the communal areas. The wood floors of the upper level give a sense of unity between interior and exterior; the terrace ends in a long swimming pool that runs the whole length of the façade facing the sea.

Haus in Cañete

Dieses Gebäude gehört zu einem Komplex von zwei Häusern, die durch einen getreppten Weg miteinander verbunden sind. Standort ist eine schroffe Gegend in der peruanischen Küstenwüste. Mit einer stabilen ockerfarbenen Betonstruktur passt sich das zweistöckige Haus an die Neigung des Geländes an. In einem Stockwerk befinden sich die Schlafzimmer, das andere beherbergt die Gemeinschaftsbereiche. Das Obergeschoss ist mit Holzdielen ausgelegt, die Innen- und Außenbereich miteinander verbinden. Am Ende befindet sich ein schmaler Swimmingpool. Dieser erstreckt sich über die gesamte Breite der zum Meer hin gelegenen Fassade.

Villa à Cañete

Cette villa fait partie d'un ensemble de deux résidences – séparées par un sentier à degrés – édifiées dans une région escarpée du désert côtier péruvien. La maison, qui suit l'inclinaison naturelle du terrain, s'appuie sur une solide structure en béton teint de couleurs ocrées et s'organise sur deux niveaux : l'un abritant les chambres, l'autre les pièces communes. Le sol de l'étage, latté de bois pour unifier intérieur et extérieur, s'achève par une étroite piscine qui longe toute la façade donnant sur la mer.

Huis in Cañete

Dit project op de ruwe grond van de woestijn aan de Peruaanse kust maakt deel uit van een complex van twee grote woningen, van elkaar gescheiden door een pad met treden. Het huis heeft twee verdiepingen, een voor de slaapkamers en een voor de gemeenschappelijke vertrekken, en gaat dankzij de solide, okerkleurig geschilderde betonnen fundering goed op in het hellende terrein. De bovenverdieping heeft een houten vloer die binnen en buiten met elkaar verbindt. Buiten bevindt zich langs de op zee gerichte gevel een smal zwembad.

The spectacular swimming pool runs along the edge of the terrace and passes the end of the building to hang, aquarium-like, over the staircase.

Der außergewöhnliche Swimmingpool verläuft am äußeren Rand der Terrasse und sogar weiter bis über den Treppenaufgang. An dieser Stelle wirkt er wie ein Aquarium.

La piscine, spectaculaire, court au bord de la terrasse et déborde des limites de la structure pour se projeter au-dessus du vide de l'escalier, où elle évoque alors un aquarium.

Het opvallende zwembad loopt langs de rand van het terras en overschrijdt zelfs de grenzen van de constructie om door te lopen boven het trapgat, wat het visuele effect van een aquarium geeft.

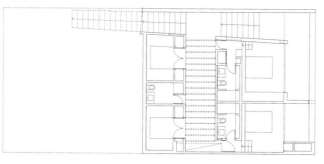

Ground floor

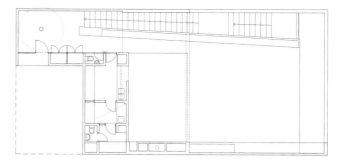

Second floor

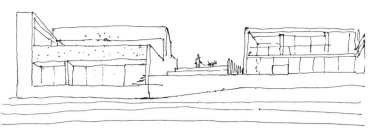

Sketch

Left

The walls were painted ocher, a color frequently used in pre-Columbian buildings to blend in with the landscape and conceal the wear caused by the sand and salty air.

Links

Die Mauern sind ockerfarben gestrichen. Dieser Farbton, den man man häufig in präkolumbischen Bauwerken findet, integriert die Mauern in die Landschaft und verbirgt die Verwitterungserscheinungen durch die salzige Luft und den Sand.

À gauche

Les parois sont peintes dans des couleurs ocre, une teinte très présente dans les constructions précolombiennes, afin de mieux intégrer le bâtiment dans le paysage et d'éviter le vieillissement visuel de la maison provoqué par l'air marin et le sable.

Links

De muren zijn okerkleurig geverfd, een kleur die veel werd gebruikt in precolumbiaanse bouwwerken om ze in het landschap te laten opgaan en de effecten van zoute lucht en zand op de muren wat te verdoezelen.

Above

The system of superimposed volumes, which look like large steps, serves to adapt the house to the incline of the terrain while effectively providing all of the rooms with adequate ventilation and insulation.

Oben

Das Gebäude passt sich durch übereinander liegende Baukörper an die Neigung des Geländes an. Diese erinnern an Treppenstufen. Dies ermöglicht eine effiziente Lüftung und natürliche Belichtung aller Räume.

Ci-dessus

La villa s'adapte à la pente du terrain grâce à la superposition de ses volumes, semblables à des marches, assurant une ventilation efficace et l'exposition au soleil de toutes les pièces.

Boven

Het huis past zich aan aan de helling van het terrein – wat ook blijkt uit de als traptreden op elkaar geplaatste blokken – waardoor alle vertrekken efficiënt geventileerd en van daglicht voorzien kunnen worden.

The popularization of the internet and of computer design programs, the entry of thousands of students worldwide into architecture schools, and the standardized production of construction materials during the last two decades of the 20th century could, together, have brought about the homogenization of different architectural styles and trends with those of the last century. However, the increasing process of globalization has led instead to the blossoming of new architectural forms and to the emergence of a new breed of architects who, without forgetting that the principal function of a house consists in sheltering its inhabitants, continue to take risks and explore. Some of the houses, gathered within the following pages, function as the perfect metaphor of the contemporary architect: unique, distinguished, and amazing houses that attract and fascinate from the very first glance precisely because we do not see in them a mere architectural experiment, useless, hollow, and without feeling – they are, rather, the concrete and tangible result of a spark of genius. It is such sparks that allow us to continue to believe in architecture as a discipline that aspires to be a pioneer of both new times and new aesthetics.

Mit der Verbreitung des Internets in den letzten zwanzig Jahren wurden auch immer neue Design-Programme entwickelt. Millionen junger Menschen au aller Welt studieren mittlerweile an den Hochschulen Architektur. Die Produktion der Baustoffe ist standardisiert. All diese Entwicklungen hätten zu einer Vereinheitlichung der architektonischen Stile und Tendenzen des letz ten Jahrhunderts führen können. Doch das Gegenteil ist der Fall: Die wach sende Globalisierung hat zu einer Blüte neuer architektonischen Former geführt. Eine neue Riege von Architekten ist hervorgetreten, die unerwarte hohe Risiken eingeht und dabei nicht vergisst, dass die Hauptfunktion eine Hauses darin besteht, dem Leben seiner Bewohner einen Raum zu geben Einige der auf den folgenden Seiten gezeigten Häuser versinnbildlichen di zeitgenössische Architektur perfekt: Es sind einzigartige, eigentümliche und überraschende Bauten, die uns anziehen und auf den ersten Blick faszinie ren. In ihnen sehen wir kein sinnloses architektonisches Experiment, das ehe einer leeren Hülle gleicht. Nein, wir entdecken das konkrete und greifbare Resultat eines kleinen Geniestreichs. Und dies sollte man immer von eine Disziplin erwarten, die danach strebt, als Pionierin der Zukunft und neue ästhetischer Normen angesehen zu werden.

Unique Houses
Einzigartige Häuser
Maisons singulières
Unieke huizen

L'expansion d'Internet, la vulgarisation des logiciels informatiques de dessin, l'accès de milliers d'étudiants aux facultés d'architecture du monde entier et la production standardisée de matériaux de construction au cours des deux dernières décennies du XXᵉ siècle auraient pu faciliter l'homogénéisation des styles et tendances architectoniques modernes et ceux du siècle passé. Cependant, ce processus croissant de globalisation a conduit, au contraire, à une floraison de nouvelles formes architecturales et à l'émergence d'une nouvelle caste d'architectes. Ceux-ci, sans oublier que la principale fonction d'une maison consiste à loger ses habitants, se livrent à des extrêmes insoupçonnés. Les maisons rassemblées dans les pages suivantes sont la métaphore parfaite de l'architecture contemporaine : des demeures insolites, étranges et surprenantes, qui nous attirent et nous fascinent au premier regard, précisément parce que nous n'y voyons pas une pure expérimentation architectonique dépourvue de sens, vide et, en définitive, inutile, mais l'aboutissement concret et tangible d'une idée géniale. C'est la raison pour laquelle nous guettons toujours ce qui se fait dans cette discipline qui aspire à être considérée comme pionnière des temps modernes et de nouvelles esthétiques.

Internet en ontwerpsoftware, de massale toestroom van studenten uit de hele wereld tot Europese architectuuropleidingen en de gestandaardiseerde productie van bouwmaterialen hadden kunnen leiden tot een vervlakking van de verschillen tussen de architectonische stijlen en stromingen die we de afgelopen honderd jaar hebben gezien. De globalisering heeft echter juist het tegenovergestelde tot gevolg gehad: de bloei van nieuwe vormen van architectuur en de opkomst van een nieuwe generatie architecten die tot verrassend gewaagde resultaten komen, zonder de belangrijkste functie van een huis, de bewoners leefruimte bieden, uit het oog te verliezen. Enkele van deze huizen, die we op de volgende bladzijden laten zien, zijn de perfecte metafoor van de hedendaagse architectuur: opvallende, unieke en verrassende huizen die ons op het eerste gezicht meteen al aantrekken en fascineren. Huizen die we niet als betekenisloze architectonische experimenten beschouwen, als leeg, nutteloos en 'af', maar als het concrete, tastbare resultaat van een genialiteit die we van een discipline mogen verwachten die pretendeert de pionier van de nieuwe tijd en nieuwe esthetica te zijn.

Gallery in Kiyosato

Architect: Satoshi Okada Architects

A Ship Sailing Through Pines

Four curves determine this house's exterior appearance and define the interior layout; a private art gallery is harbored within. A succession of spaces follow one another without interruption, ending eventually in large windows that frame the stunning natural surroundings. The buildings, constructed using prefabricated wood frames, were assembled on an antiseismic concrete base. The result is a complexly shaped building built of simple materials, resembling a ship beached in the middle of a great forest.

Ein Schiff zwischen Pinien

Die äußere Gestalt und der Innenraum dieser privaten Kunstgalerie werden durch vier Kurven bestimmt. Die Räume gehen übergangslos ineinander über. Den Abschluss bilden Fenster, welche die schöne Naturumgebung einrahmen. Die Baukörper bestehen vollständig aus vorgefertigten Holzkonstruktionen, die auf einem erdbebensicheren Betonfundament zusammengefügt sind. Das Ergebnis ist ein Gebäude mit einer komplexen Form, gebaut aus einfachen Materialien. Es erinnert an ein mitten im Wald verankertes Schiff.

Un bateau dans les pins

Quatre courbes définissent l'apparence extérieure et la configuration intérieure de cette villa, qui abrite une galerie d'art privée. Les différents espaces, qui se succèdent sans séparation, sont équipés de baies vitrées permettant de jouir du cadre naturel, d'une grande beauté. Les volumes, entièrement construits avec des éléments préfabriqués en bois, reposent sur un socle de béton antisismique. Il en résulte un édifice à la forme complexe et aux matériaux simples, qui évoque un navire échoué au milieu d'un bois.

Een schip tussen de dennenbomen

Vier gebogen vormen bepalen de buitenkant en de vormgeving van het interieur van deze woning, waarin tevens een particuliere kunstgalerie is gevestigd. De ruimten volgen elkaar zonder onderbreking op en worden begrensd door ramen die de natuurlijke omgeving op een prachtige manier omlijsten. De delen, die geïntegreerd zijn gebouwd van geprefabriceerde houten constructies, komen bij elkaar in een tegen aardbevingen versterkte betonnen fundering. Het resultaat is een gebouw met complexe vormen en eenvoudige materialen, dat doet denken aan een op een midden in het bos gestrand schip.

he design stands out for its
ongated shape, which, inside,
urns into hallways that follow
he house's curves and ends in
oor-to-ceiling windows which
ame the landscape.

Das Gebäude besticht durch seine
ausgeprägte längliche Form. Die
Räume im Innenbereich folgen den
Kurven des Baukörpers und schließen mit großen Fensterfronten ab,
welche die Landschaft umrahmen.

La maison se caractérise par son
aspect particulièrement allongé,
qui se traduit à l'intérieur par des
couloirs suivant étroitement les
courbes du volume pour aboutir
aux grandes baies vitrées
encadrant le paysage environnant.

Het ontwerp van het gebouw
wordt gekenmerkt door een opvallende langgerekte vorm. Het interieur volgt de rondingen van het
huis en eindigt in grote ramen die
het landschap omlijsten.

Left and right

The distinctive form of this gallery-house determines its interior, which is characterized by curved walls, ceilings of unequal height, and strong contrasts in the lighting.

Links und rechts

Die ungewöhnliche Form dieses Galeriehauses wird auch im Inneren deutlich: Geschwungene Wände, Decken in unterschiedlichen Höhen und starke Lichtkontraste charakterisieren den Raum.

À gauche et à droite

La silhouette particulière de cette maison-galerie se reflète également à l'intérieur : murs courbes et plafonds de différentes hauteurs créent de forts contrastes lumineux.

Links en rechts

De bijzondere vorm van deze woning-galerie bepaalt in sterke mate het interieur. Gewelfde muren, plafonds van verschillende hoogten en sterke licht-donkercontrasten karakteriseren de ruimte.

Pixel House

Architect: Slade Architecture, Mass Studies

Pixels in South Korea

Located at the end of a recently urbanized area – right where the houses begin to give way to the countryside – this distinctive house looks to emphasize the relationship between landscape and construction. The design combines the orthogonal geometry typical of cities with the smooth curves of the surrounding landscape, so that from afar the building may be taken for a rock. In the same way that pixels make up a digital image, the 9675 bricks used to build the walls give shape and tangible form to the house.

Pixelhaus in Südkorea

Dieses Hauses steht am Ende einer neu bebauten Straße. Genau dort, wo die Gebäude der Natur Platz machen, wurde mit diesem ungewöhnlichen Haus versucht, einen fließenden Übergang zwischen Landschaft und Konstruktion zu schaffen. Die äußere Form kombiniert die rechtwinklige Geometrie der Bausiedlung mit den weichen Kurven der umgebenden Landschaft. So könnte man das Gebäude von weitem mit einem Felsen verwechseln. Ein digitales Bild besteht aus Pixeln. Form und Maße dieses Hauses werden durch die „pixelähnlich" angeordneten Ziegelsteine erfassbar; das Gebäude besteht aus 9675 Steinen.

Une maison de brique géométrique en Corée du Sud

Située au bout d'une rue d'un quartier récemment urbanisé, juste à l'endroit où quelques pavillons bas bornent la campagne, cette maison individuelle est née du désir de souligner la relation entre paysage et bâti. Sa forme associe l'orthogonalité propre à la ville aux douces ondulations du paysage environnant, si bien qu'on pourrait la confondre, de loin, avec un rocher. Les 9675 briques qui composent les murs, à l'exemple des pixels définissant une image numérique, donnent à cette construction sa forme et un métré tangible.

Pixels in Zuid-Korea

Dit huis ligt aan het eind van een straat in een nieuwe buitenwijk, precies op de plek waar de lagere huizen overgaan in de natuur. Met deze bijzondere woning is geprobeerd een relatie te leggen tussen het landschap en de bebouwing. Het exterieur is een combinatie van de typische rechthoekige vormen van een nieuwbouwwijk en het zacht golvende landschap eromheen. Vanuit de verte zou het huis voor een rots kunnen worden aangezien. Op de wijze waarop een digitaal beeld is opgebouwd uit pixels, zo maken hier de bakstenen de vorm en afmetingen van het huis tastbaar. Het bestaat uit precies 9675 bakstenen.

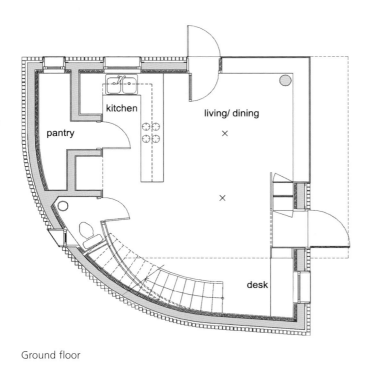

Ground floor

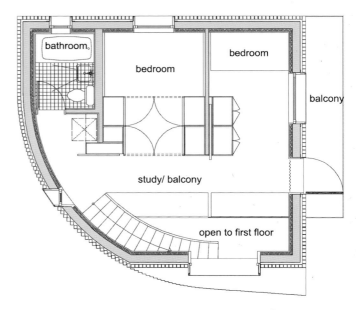

Second floor

Left and below

The exterior walls have been constructed with bricks each arranged in exactly the same position, so that as one moves about the periphery of the house the bricks seem to protrude at differing angles.

Links und unten

Bei den Außenwänden wurden die Ziegelsteine immer in der gleichen Position gesetzt. Läuft man um das Haus herum, stehen diese in unterschiedlichen Winkeln von der Fassade ab.

À gauche et ci-dessous

Les briques des murs, toutes disposées suivant la même orientation, semblent ressortir avec un angle différent selon la façade qu'on regarde.

Links en onder

De buitenmuren van het huis bestaan uit bakstenen die allemaal in dezelfde richting zijn geplaatst, in een schuine hoek ten opzichte van de gevels zelf.

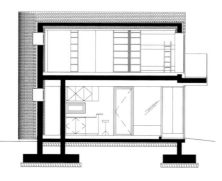
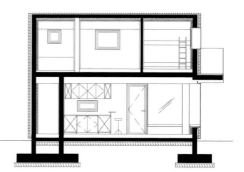

Sections

Left

Nearly all the furniture – such as the enormous bookshelf – has been made to size out of plywood so as to fit the peculiar curved and vaulted form of the house.

Links

Fast alle Möbel – wie auch in dieser großen Bibliothek – sind aus Holzfurnier maßgefertigt und an die ungewöhnliche gewölbte Form des Hauses angepasst.

À gauche

Presque tous les meubles – comme la grande bibliothèque – ont été fabriqués sur mesure, en contreplaqué, afin qu'ils s'adaptent à la courbure particulière des parois et des plafonds de la maison.

Links

Bijna al het meubilair, zoals de enorme boekenkast, is op maat gemaakt en bestaat uit gelaagd hout, waardoor het zich aanpast aan de gewelfde vormen van het huis.

Above

A cross-section of the house reveals its simple composition, with rooms separated by partitions, panels, and a sole structural wall separating the bathroom and kitchen.

Oben

Die Raumteilung im Innenbereich ist einfach. Neben Trennmauern und Paneelen gibt es nur eine tragende Wand, diese trennt das Badezimmer von der Küche.

Ci-dessus

La vue en coupe de la maison révèle sa simplicité structurelle, avec des divisions intérieures par cloisons et panneaux et un seul mur porteur intérieur séparant la salle de bain de la cuisine.

Boven

De doorsnede van de woning laat een eenvoudige opzet zien. Scheidingen zijn aangebracht met tussenschotten en panelen en één dragende binnenmuur, die de badkamer scheidt van de keuken.

House by a Lake

Architect: Eichinger oder Knechtl

House in Münchendorf

This tube-like structure, made of concrete and steel with a sheet-metal façade, sits beside a lake in the small town of Münchendorf. The volume bends upward at one end, giving rise to a glass façade and large balcony. It is supported by the smaller ground floor, which also has glass façades, giving the whole a slender appearance and making the house look like a spaceship forever on the verge of taking off.

Haus in Münchendorf

Form gebend für dieses Haus ist ein röhrenförmiges Gerüst aus Beton und Stahl, das mit Metall verkleidet wurde. Es steht an einem See in dem kleinen österreichischen Ort Münchendorf. Das Obergeschoss ist an einer Seite nach oben hin abgeknickt und läuft auf eine Glasfassade zu, vor der ein Balkon liegt. Das kleinere Erdgeschoss hat ebenfalls verglaste Fassaden; diese verleihen der Gesamtkonstruktion eine schlanke Gestalt. Das Gebäude wirkt wie ein Raumschiff kurz vor dem Start.

Maison à Münchendorf

Cette structure tubulaire de béton et d'acier, revêtue de métal, s'élève près du lac de la petite localité de Münchendorf (Autriche). L'ensemble, qui repose sur un socle plus étroit aux façades vitrées, est légèrement relevé à l'une de ses extrémités, pour s'achever par une façade vitrée que prolonge un balcon. Grâce à ce cintrage, la villa évoque un vaisseau spatial sur le point de décoller.

Huis in Münchendorf

Een buisvormige constructie van beton en staal, bekleed met een metalen plaat, verrijst aan het meer bij het dorpje Münchendorf. Het volume verdubbelt zich naar boven en naar een van de uiteinden toe, waar het uitloopt in een gevel met veel glas en een balkon. De begane grond is veel kleiner en heeft tevens gevels met veel glas, wat het geheel zeer rank maakt en de woning op een ruimteschip doet lijken dat op het punt staat gelanceerd te worden.

At one end of the main building
a bent red structure holds the
guest apartment, which has its
own entrance and is completely
equipped with an independent
kitchen and bathroom.

Rechts

Neben dem Hauptgebäude aus
Metall steht ein rötlicher Baukörper, in dem sich ein komplett
ausgestattetes Gästeapartment
befindet. Es hat einen separaten
Eingang und eigene Bäder.

À droite

Presque accolé au bâtiment
principal, un volume quasi
cylindrique, de couleur rougeâtre,
accueille une maison d'hôtes
entièrement équipée, avec accès
et services indépendants.

Rechts

Aan een van de korte zijden van
het hoofdgebouw uit metaal staat
een roodachtig bouwwerk met
een plat dak en een eigen opgang,
waarin zich de compleet ingerichte
gastenvertrekken bevinden.

ft and below

ne house is placed transversally
ith respect to the property.
ne end holds an apartment
served for guests while the other
erlooks the lake.

Links und unten

Das Haus steht quer auf dem
Grundstück. An einem Ende des
Gebäudes liegt das Gästeapart-
ment, von der anderen Seite aus
genießt man den Blick auf den
See.

À gauche et ci-dessous

La maison est construite
transversalement au terrain. À l'une
de ses extrémités s'élève une
maison d'hôtes, tandis qu'à l'autre
on découvre la vue sur le lac.

Links en onder

Het huis staat dwars op het perceel en verbindt de twee uiteinden
met elkaar. Een daarvan wordt in
beslag genomen door het gastenverblijf en het andere biedt een
prachtig uitzicht op het meer.

Left

The rooms are arranged contrary to the norm in order to take better advantage of the natural light and view of the lake: the bedrooms are on the ground floor while common areas are on the upper level.

Left

The rooms are arranged contrary to the norm in order to take better advantage of the natural light and view of the lake: the bedrooms are on the ground floor while common areas are on the upper level.

Links

Die Raumaufteilung des Hauses ist ungewöhnlich: Die Schlafzimmer befinden sich im Erdgeschoss und die Gemeinschaftsräume im ersten Stock. Hier lässt sich das Tageslicht besser ausnutzen und es bietet sich ein schöner Ausblick auf den See.

À gauche

La distribution des pièces va à l'encontre de ce qui se fait habituellement : en effet, les pièces de vie commune sont à l'étage et les chambres, situées au rez-de-chaussée, afin de mieux profiter de la lumière naturelle et de la vue sur le lac.

Links

De indeling van het huis is anders dan gebruikelijk: de slaapkamers bevinden zich op de begane grond en de gemeenschappelijke vertrekken op de bovenverdieping, waar beter van het daglicht en het uitzicht op het meer genoten kan worden.

Right

The glass partition between the bathroom and the main bedroom also provides storage space.

Rechts

Eine gläserne Abtrennung zwischen dem Badezimmer und dem Schlafzimmer grenzt die beiden Bereiche voneinander ab und bietet zudem Stauraum.

À droite

Une cloison de verre, qui sert d'espace de rangement, sépare et distingue la salle de bain de la grande chambre.

Rechts

Een glazen kast tussen de badkamer en de hoofdslaapkamer begrenst beide ruimten en creëert bergruimte.

House in Boadilla

Architect: Vicens Ramos

A Geode in Madrid

This house, located on a large property, has a private access road in order to provide its occupants with a greater amount of privacy. The design imitates, in its form as well as in the materials used, a geode – that is, a hollow rock in which crystals have formed. The building, comprised of two stories and a basement, echoes this rock formation with a solid, stony, and hermetic construction that contrasts with the large glass windows.

Geode in Madrid

Dieses Domizil befindet sich auf einem weitläufigen Grundstück, wo es neben der Auffahrt errichtet wurde. Man wollte möglichst viel Privatsphäre gewährleisten. Gemessen an Form und Materialien gleicht das Gebäude einer Geode (Hohlraum in bestimmten Gesteinsarten, in dem sich Kristalle bilden). Das Untergeschoss und die beiden Stockwerke erinnern genau an diese Felsformationen, denn der massive, steinige und hermetisch abgeschlossene Baukörper kontrastiert stark mit den großen Fensteröffnungen.

Une géode à Madrid

Cette demeure, qui occupe un terrain de généreuses dimensions, dispose d'un chemin d'accès privé, afin d'assurer le maximum d'intimité à ses occupants. Sa forme et les matériaux employés évoquent une géode – la cavité que présentent certaines roches et où se sont formés des cristaux. L'ensemble, un bloc massif, lithique et hermétique de deux niveaux et un sous-sol, sur lequel se détachent de grandes baies vitrées, rappelle en effet étonnamment cette formation rocheuse.

Het kristalhuis in Madrid

Dit huis staat op een zeer royaal bemeten perceel direct naast de toegangsweg om meer intimiteit te creëren. Het ontwerp voorzag in een vorm en materialen die tot doel hadden een soort grot in de rotsen na te bootsen met vanbinnen sterke kristalvorming. Het souterrain en de twee verdiepingen doen denken aan dit soort rotsformaties: een massief, stenen en hermetisch geheel met sterk contrasterende grote raamopeningen.

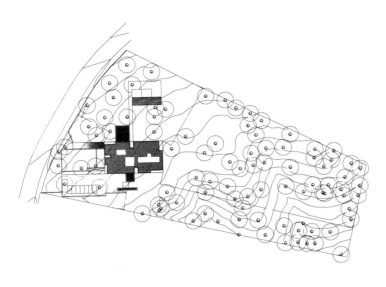

Above

In order to ensure the residents' privacy and give them the most possible space, the house has been built at one end of the property. It is protected on the side facing the street and open in the direction of the garden.

Oben

Um die Privatsphäre zu wahren und den Raum optimal zu nutzen, wurde das Gebäude an den Rand des Grundstücks gebaut. Zur Straße hin ist es abgeschirmt und zum Garten geöffnet.

Ci-dessus

Pour garantir l'intimité de ses occupants et leur offrir le maximum d'espace, la demeure a été construite à l'une des extrémités du terrain, de façon à être hermétique côté rue et ouverte sur le jardin.

Boven

Om de privacy te waarborgen en de ruimte optimaal te benutten is het huis aan de rand van het perceel geplaatst. Aan de straatzijde is het huis afgesloten en aan de tuinzijde is het juist zeer open.

Right

The bedrooms are located on the upper floor while the lower floor holds the living room, dining room, shared facilities, and an imposing space with two-story-high ceilings.

Rechts

Im Obergeschoss befinden sich die Schlafzimmer. Das Erdgeschoss beherbergt Wohn- und Esszimmer, die Bäder und einen eindrucksvollen doppelgeschossigen Raum.

À droite

À l'étage se trouvent les chambres, tandis que le rez-de-chaussée accueille le séjour, la salle à manger, les pièces de service et un imposant espace de double hauteur.

Rechts

Op de bovenverdieping bevinden zich de slaapkamers. Op de begane grond zijn de woonkamer, eetkamer, badkamer en een imposante ruimte van dubbele hoogte.

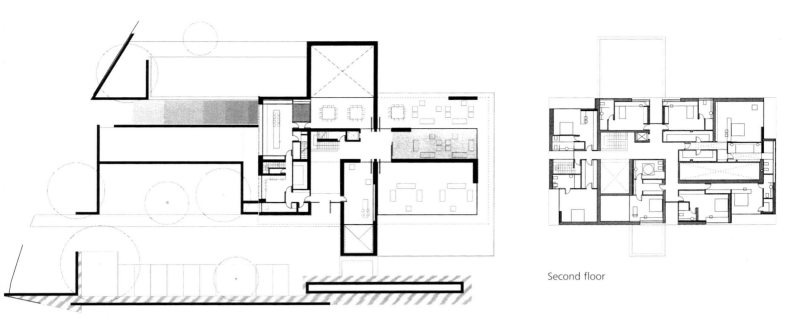

Ground floor

Second floor

Elevations

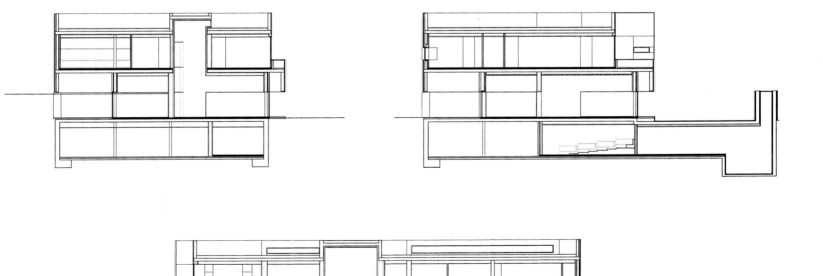

Sections

433

Right and previous pages

The geometric forms of the exterior become, within the house, patios, two-story-high rooms, and sculptural pieces that enhance the space.

Rechts und vorherige Seiten

Nicht nur im Außenbereich finden sich viele geometrischen Formen. In den Innenräumen entdeckt man sie in den Innenhöfen, in doppel-geschossigen Räumen und den Bildhauerwerken an der Wand.

À droite et pages précédentes

Les volumes géométriques de la maison se traduisent, à l'intérieur, par des patios, des espaces à double hauteur et des éléments sculpturaux qui enrichissent les pièces.

Rechts en vorige bladzijden

De geometrische vormen van de buitenkant komen in het interieur terug in de vorm van patio's, vertrekken met dubbele hoogte en sculpturale elementen die de sfeer accentueren.

Left

The house's hermetic aspect can be seen when looking out from the spectacular main living room, which is framed by its many windows.

Links

Den hermetischen Aspekt bei diesem Gebäude bemerkt man, wenn man von außen in das Wohnzimmer schaut, dessen breite Fenster das großartige Interieur einrahmen.

À gauche

On perçoit mieux l'aspect hermétique du bâtiment en regardant du dehors la spectaculaire salle de séjour, encadrée par de grandes baies vitrées.

Links

Het hermetische karakter van het huis is goed te zien vanaf de buitenkant van de woonkamer, waarvan de grote ramen het spectaculaire interieur omlijsten.

Below

The kitchen stands out for the long central island that serves as a dining table. The large street-facing windows are made of U-Glass.

Unten

In der Küche besticht die lange Theke an Stelle eines Esszimmers; die Fenster liegen zur Straße hin und sind aus U-Glas.

Ci-dessous

La cuisine est équipée d'un grand bloc central qui sert de table. Les fenêtres, orientées vers la rue, sont en verre *U-Glass*.

Onder

In de keuken valt het grote eiland op waar zich de eetkamer bevindt De ramen aan de straatzijde zijn gemaakt van U-glas.

Left and below

The basement, which resembles a granite cave, holds a heated swimming pool, a hot tub with hydrotherapy jets, and a patio.

Links und unten

Das Untergeschoss ähnelt einer Grotte, die in das Granitvolumen eingemeißelt wurde. Hier entstanden ein Thermalbad, ein Hydromassagepool und ein Innenhof.

À gauche et ci-dessous

Le sous-sol, qui évoque une caverne creusée dans le granit, abrite une piscine thermale, une baignoire d'hydromassage et un patio.

Links en onder

In het souterrain bevindt zich een warmwaterzwembad, een bad voor hydromassage en een patio in een ruimte die lijkt op een uit graniet uitgehouwen grot.

Iritahama Beach House

Architect: Klein Dytham Architecture

Double Façade

The design of this family house was determined by its location: a hill overlooking Iritahama, one of Japan's most beautiful beaches. The challenge consisted in creating a house with panoramic views of the bay that would also be sheltered from adverse atmospheric conditions, excessive sun, and onlookers. Thus the house is protected by a double façade of glass and fiberglass which uses a system of sliding screens to open and close, giving the volume a sense of dynamism.

Doppelte Fassade

Dieses Haus steht an einem Hang mit Blick auf den Strand von Iritahama – einem der schönsten Strände Japans. So war auch die Lage ausschlaggebend für die Gestaltung des Einfamilienhauses. Die Herausforderung bestand darin, die Panoramablicke auf die Bucht nicht zu behindern und das Haus gleichzeitig vor den ungünstigen Außenbedingungen wie übermäßigen Sonneneinfall und indiskreten Blicken zu schützen. Daher wurde eine doppelte Fassade aus Glas und Stahl gebaut, die sich mit einem Jalousiensystem schließen lässt. So ist das Gebäude geschützt und wirkt gleichzeitig dynamisch.

Maison à double façade

L'emplacement du terrain, sur un coteau donnant sur la plage d'Iritahama – une des plus belles du Japon –, a présidé à la conception de cette maison de famille. Le défi consistait à conserver le panorama sur la baie tout en protégeant la demeure des mauvaises conditions météorologiques, d'un excès de soleil et des regards indiscrets. La double façade en acier et verre, calfeutrée derrière un système de jalousies mobiles, préserve l'intimité du lieu et apporte un certain dynamisme au volume.

Dubbele gevel

De ligging op een helling met uitzicht op het strand van Iritahama – een van de mooiste stranden van Japan – bepaalde het ontwerp van deze eengezinswoning. De uitdaging had twee aspecten: het totaalbeeld van de baai moest behouden blijven en het huis moest beschermd worden tegen nadelige invloeden, zoals excessieve zon en inkijk. De hieruit voortkomende dubbele gevel van staal en glas, die met verschuifbare jaloezieën gesloten kan worden, beschermt het huis en geeft het dynamiek.

445

bove

he house has contemporary
pen layout but is still perfectly
ntegrated, per tradition, within its
nvironment.

Oben

Bei diesem Haus wurden zwei Bau-
stile kombiniert: Die traditionelle
Form fügt sich perfekt in die
Umgebung ein, daneben wurde
mit dem offenen und transparen-
ten Grundriss ein durch und durch
zeitgenössisches Element geschaffen.

Ci-dessus

La maison associe une forme
traditionnelle – parfaitement
intégrée dans son environnement
– à un plan ouvert et transparent
tout à fait contemporain.

Boven

In de woning wordt een traditionele vorm – die perfect in de context past – gecombineerd met een
zeer moderne, open en transparante open verdieping.

The simple sliding screens create a dynamic façade which regulates the intensity of the light while protecting the house from harsh weather.

Das einfache Jalousiensystem schafft eine dynamische Fassade, mit der man die Intensität des Lichteinfalls reguliert und das Haus vor den Unbilden des Wetters schützt.

Le système de jalousies mobiles, très simple, donne du dynamisme à la façade tout en régulant l'intensité de la lumière et en protégeant la maison des intempéries.

Het eenvoudige systeem van jaloezieën creëert een dynamische gevel met reguleerbare lichtinval en beschermt het huis tegelijkertijd tegen weersinvloeden.

Below

he reinforced concrete
oundation holds a prefabricated
ment base, which anchors the
ouse's metal structure.

Unten

Die Fundamente bestehen aus ver-
stärktem Beton. Darauf ruht eine
vorgefertigte Betonplatte, in die
das Metallgerüst des Hauses eingesetzt wurde.

Ci-dessous

Sur les fondations en béton armé
s'appuie un socle en béton
préfabriqué, dans lequel s'insère la
structure métallique de la maison.

Onder

De fundering is van gewapend
beton, dat als basis dient voor een
plaat van geprefabriceerd beton
waarop het metalen skelet van het
huis gezet is.

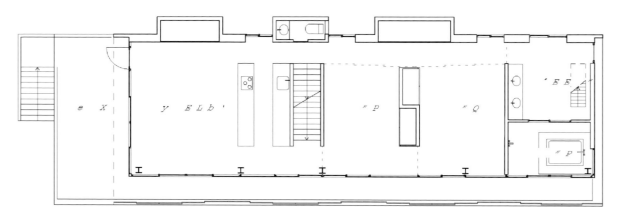

Ground floor

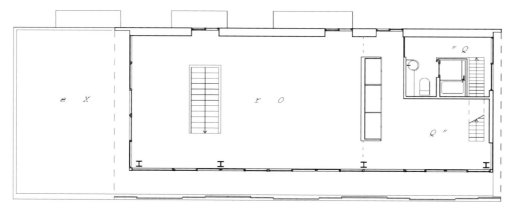

Second floor

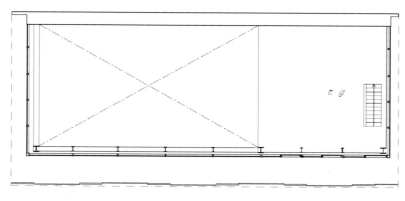

Third floor

Solar Umbrella

Architect: Pugh & Scarpa

An Ecological Reform

The idea behind this project is the transformation of a typical Californian bungalow into a modern and environmentally friendly house. Constructed with recycled and reusable materials, this house establishes an intimate relationship with its environment through spacious rooms opening upon the garden. The solar panels covering the roof and part of the new extension provide all the necessary energy and are the most distinguishing feature of the design.

Ökologischer Umbau

Dieses Haus ist eine Erweiterung eines typischen kalifornischen Bungalows. Ziel war die Umwandlung in ein modernes und umweltgerechtes Gebäude. Das Haus wurde mit recycelten und wiederverwendbaren Materialien konstruiert. Große, offene Räume zum Garten hin verdeutlichen den engen Bezug des Hauses zur äußeren Umgebung. Die Solarpaneele auf dem Dach und auf Teilen des neuen Anbaus sind Energielieferanten und gleichzeitig das herausragendste Gestaltungselement des Gebäudes.

Un bungalow recyclé en villa écologique

Un bungalow californien typique a simplement été agrandi pour se transformer en une résidence moderne tout en respectant l'environnement. La villa, construite avec des matériaux recyclés et renouvelables, établit une étroite relation avec l'extérieur grâce à de grands espaces ouverts sur le jardin. Les panneaux solaires, qui couvrent la toiture et une partie de l'extension, fournissent l'énergie nécessaire aux occupants et sont l'élément le plus marquant de cette construction.

Ecologische verbouwing

Dit project bestond uit het vergroten van een typisch Californische bungalow om er een modern en milieuvriendelijk woonhuis van te maken. De woning is gemaakt van gerecyclede en recyclebare materialen en heeft door de grote open ruimten naar de tuin een nauwe relatie met het exterieur. De zonnepanelen op het dak verschaffen alle benodigde energie en zijn het opvallendste kenmerk van het bouwwerk.

Above

This urban house plays with space, the full and the empty, to create numerous open areas – as well as to organize rooms both within a level and onto different levels.

Oben

Dieses Stadthaus spielt mit den Volumina, mit ausgefüllten und freien Flächen. So entstehen viele offene Räume, und die Wohnräume liegen auf verschiedenen Ebenen innerhalb ein und derselben Etage.

Ci-dessus

Cette résidence urbaine joue avec les volumes pour créer de nombreux espaces ouverts et organiser les pièces à différents niveaux, avec des hauteurs de plafond différentes sur un même étage.

Boven

In deze stadswoning wordt gespeeld met het volume, met volle en lege delen om talrijke open ruimten te creëren en de vertrekken van het huis op verschillende niveaus te plaatsen, zelfs als deze zich op dezelfde verdieping bevinden.

This project changed the house's layout, so that now the bedrooms overlook the street and the communal areas are located behind the new main façade, facing south.

Durch den Umbau wurde auch die ursprüngliche Raumverteilung des Hauses verändert: die Schlaf-zimmer sind nun in den zur Straße hin gelegenen Räumen unterge-bracht; die Gemeinschaftsbereiche wurden nach Süden hin ausgerich-tet und liegen neben der neuen Hauptfassade.

La distribution précédente de la maison a été modifiée : les chambres occupent les pièces donnant sur rue et les pièces communes sont orientées au sud, jouxtant la nouvelle façade principale.

Met dit project is de oude indeling van het huis veranderd: de slaap-kamers beslaan de vertrekken aan de straatkant en de gemeenschap-pelijke ruimten zijn op het zuiden gericht, naast de nieuwe hoofdge-vel.

Porsch Residence

Architect: Rockhill & Associates

House in Kansas

Located in an agricultural area of Kansas, this house stands out for its technically innovative construction, the materials used, and the unique aesthetic it offers. The house is designed around its energy consumption, with insulated walls and apertures intended to control the temperature throughout the year. Special attention was also paid to the way in which the sunlight traverses each room. The interior stands out for its metal partitions and stairways, which give the space an industrial feel.

Haus in Kansas

Standort dieses Hauses ist eine ländliche Gegend in Kansas. Das Besondere an dem Gebäude sind die technischen Innovationen, die verwendeten Materialien und die außergewöhnliche Optik. Die einzelnen Volumina wurden nach ihrem Energieverbrauch angeordnet: Die Wände sind isoliert und die Öffnungen so gestaltet, dass die Temperatur das gesamte Jahr hindurch bestmöglich kontrolliert werden kann. Besonderes Augenmerk legte man auf den Verlauf der Sonne während der einzelnen Jahreszeiten. Im Innenbereich bestechen die Paneele und die Metalltreppen, die den Räumen einen industriellen Charakter verleihen.

Une maison au Kansas

Les points forts de cette demeure, située dans une région agricole du Kansas, sont les innovations techniques de sa construction, les matériaux utilisés et son esthétique originale. L'agencement des différents volumes a été défini en fonction de la répartition optimale de la température : les cloisons sont parfaitement isolées et les ouvertures, conçues pour la contrôler le mieux possible tout au long de l'année, en tenant compte essentiellement de la position du soleil dans les pièces aux différents moments de la journée. Les cloisons et les escaliers métalliques donnent un caractère industriel à l'espace intérieur.

Huis in Kansas

Het ontwerp van dit huis in een agrarisch gebied in Kansas valt op door zijn innovatieve bouwstijl, de gebruikte materialen en de originele esthetische aspecten. De indeling van het huis werd bepaald door de vereisten van een laag energieverbruik: de muren zijn geïsoleerd en de openingen zijn zo ontworpen dat de temperatuur het hele jaar door optimaal beheersbaar is, met speciale aandacht voor de stand van de zon in de verschillende jaargetijden. In het interieur vallen de metalen panelen en trappen op, die de vertrekken een industrieel uiterlijk geven.

The project is composed of two volumes connected at the base of the main stairway; one of these holds the kitchen and storage space, while the other holds the garage, living room, and bedrooms.

Das Projekt besteht aus zwei Baukörpern, die durch die Haupttreppe miteinander verbunden sind. Der eine beherbergt die Küche und den Vorratsraum, in dem anderen sind Garage, Wohnzimmer und die Schlafzimmer untergebracht.

La maison se compose de deux volumes, réunis par l'escalier principal. L'un abrite la cuisine et un espace de stockage, l'autre, le garage, la salle de séjour et les chambres.

Het huis bestaat uit twee delen die met elkaar zijn verbonden door de hoofdtrap; in het ene deel bevinden zich de keuken en bergruimte, in het andere de garage, de woonkamer en de slaapkamers.

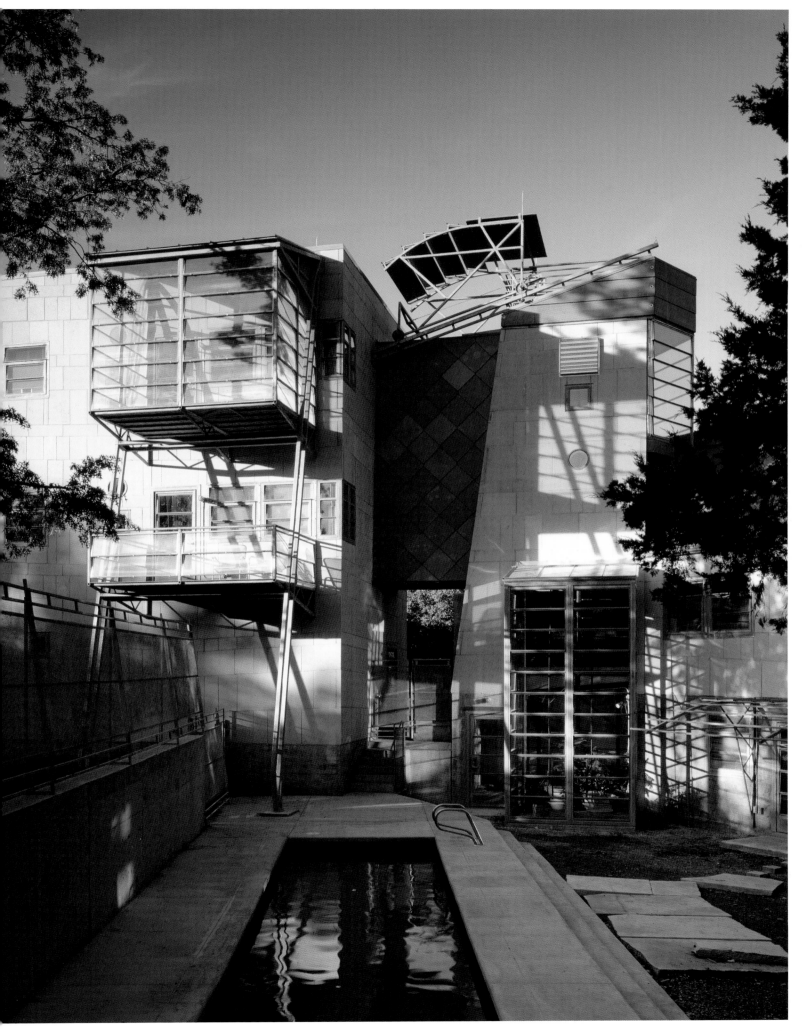

Left

The façade, made of variously sized blocks of Kansas limestone, gives an elegance to the shapes of the house.

Links

Für die Außenfassade des Hauses verwendete man Kalksteine aus der Gegend in verschiedenen Größen. Dies verleiht den Baukörpern ein elegantes Erscheinungsbild.

À gauche

Le parement de la maison, des blocs calcaires de la région taillés suivant différentes dimensions, crée d'élégants dessins qui rythment la façade.

Links

De kalkstenen afwerking, in platen van verschillende afmetingen, vormt een elegant lijnenspel aan de buitenkant van de woning.

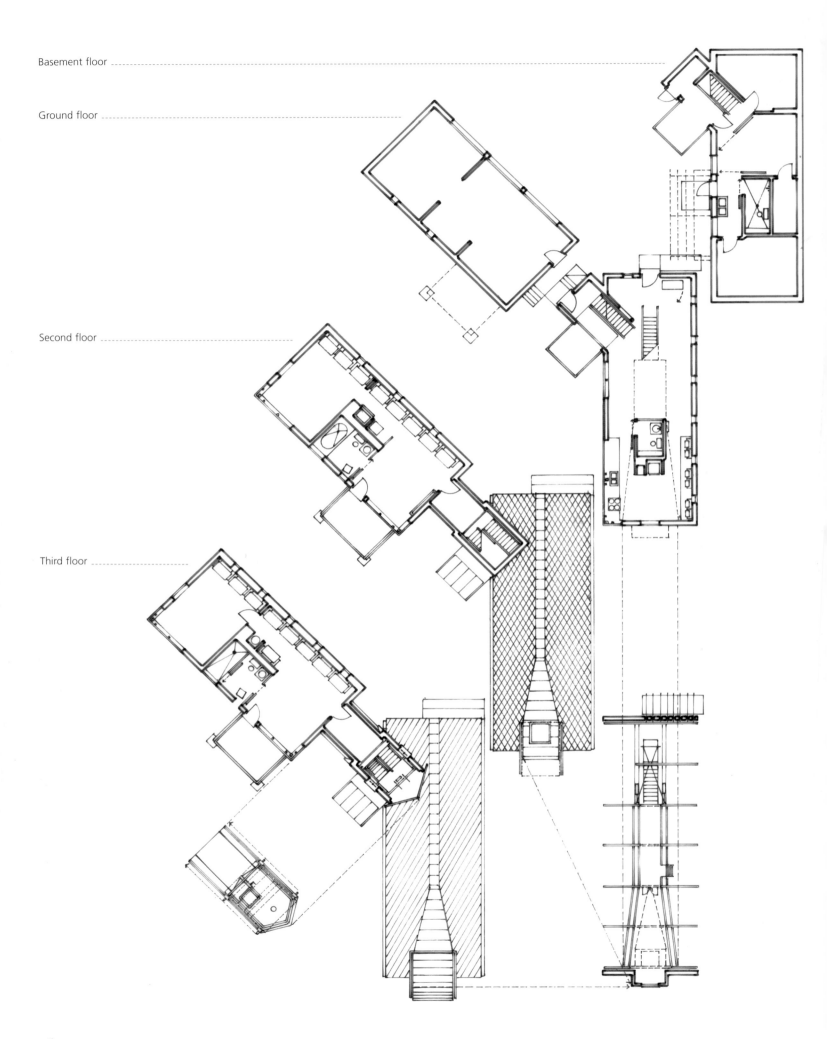

Basement floor

Ground floor

Second floor

Third floor

Below and right

The architects have designed a line of doors, partitions, and modular furniture built of metal and polycarbonate that works to give the space an interesting industrial feel.

Unten und rechts

Die Architekten entwarfen ein bewegliches Modulsystem für die Türen, Paneele und Möbel aus Metall und Polycarbonat. Dies verleiht dem Gebäude einen interessanten Industriecharakter.

Ci-dessous et à droite

Les architectes ont créé une ligne de portes, de panneaux et de meubles modulaires en métal et polycarbonate pour donner à ce lieu un caractère industriel intéressant.

Onder en rechts

De architecten hebben een lijn ontwikkeld van modulaire deuren, panelen en meubels van metaal en polycarbonaat, die de ruimte een interessant industrieel uiterlijk geeft.

Villa Man-bow

Architect: Satoshi Okada Architects

House in Shizuoka

This peculiar house, located in the countryside to the south of Tokyo, is intimately connected to its surrounding natural environment, a hill with a 70° slope continuously lashed by strong winds. The house is divided into two very different volumes: an ellipsoid for the day rooms and a parallelepiped for the bedrooms. In order to counteract the effects of the wind, the aerodynamic ellipsoid overlooks the valley; the parallelepiped is protected by trees.

Haus in Shizuoka

Das ungewöhnliche Design dieses Hauses in einer ländlichen Gegend südlich von Tokio ist stark an die umgebende Natur angelehnt. Es steht an einem Abhang mit einem Steigungswinkel von 70 Grad, der ständig starken Winden ausgesetzt ist. Das Gebäude gliedert sich in zwei unterschiedliche Baukörper: Die Tagesbereiche befinden sich in einem ellipsenförmigen Gebäude, während ein Parallelepipedon die Schlafzimmer beherbergt. Um den starken Winden zu widerstehen, ist das aerodynamisch geformte Ellipsoid zum Tal hin ausgerichtet. Der Bauquader wird durch die Bäume geschützt.

Maison à Shizuoka

La conception particulière de cette maison, située dans une région rurale au sud de Tokyo, est intimement liée à la nature du terrain, une pente à 70° constamment battue par les vents. Ce projet associe deux volumes différents : un ellipsoïde, qui accueille les pièces de jour, et un parallélépipède où sont aménagées les chambres. Afin de mieux résister au vent, l'ellipsoïde, de forme aérodynamique, donne sur la vallée, tandis que l'autre volume reste abrité par les arbres.

Huis in Shizuoka

Het bijzondere ontwerp van dit huis in een landelijk gebied ten zuiden van Tokio heeft een zeer nauwe relatie met de omringende natuur en staat op een helling van 70° die continu blootstaat aan een stevige wind. Het project bestaat uit twee verschillende delen: een ovaal waarin zich de ruimten voor overdag bevinden en een rechthoek met de slaapkamers. Om de effecten van de wind af te zwakken, ligt het aërodynamisch gevormde ovaal aan de kant van de vallei terwijl het rechthoekige deel wordt beschermd door de bomen.

Below

In order to take better advantage of the view, each section of the house rests atop six columns, providing an extra 3.5 m (12 ft) of height.

Unten

Für eine uneingeschränkte Aussicht steht jeder der beiden Baukörper auf sechs Stahlpfeilern mit jeweils 3,5 Meter Abstand.

Ci-dessous

Pour offrir un maximum de vues, les deux volumes composant la maison reposent chacun sur six colonnes d'acier qui forment un réseau aux travées de 3,50 m.

Onder

Om optimaal van het uitzicht te kunnen genieten zijn de twee delen van het huis op zes stalen pilaren geplaatst die een rechthoek van 3,5 meter vormen.

The copper slats covering the sphere will acquire, with time, a greenish tint which will serve to further integrate the house within the surrounding landscape.

Die Verkleidung aus Kupfer-lamellen setzt im Laufe der Zeit eine grünliche Patina an. Durch diese verschmilzt das Gebäude noch weiter mit der Landschaft.

Les lames de cuivre qui revêtent la sphère doivent prendre, avec le temps, une patine verdâtre qui contribuera à son intégration au paysage environnant.

De koperen platen waarmee het ovaal is bekleed, verkrijgen in de loop der tijd een groenig patina dat het opgaan van het huis in het landschap verder versterkt.

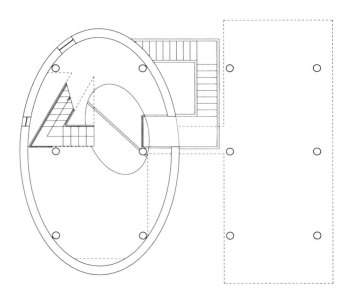

Ground floor

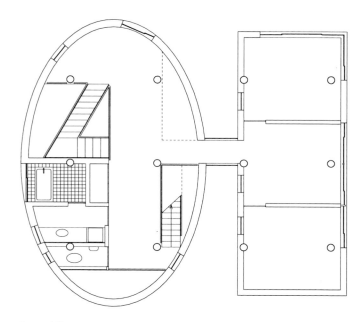

Second floor

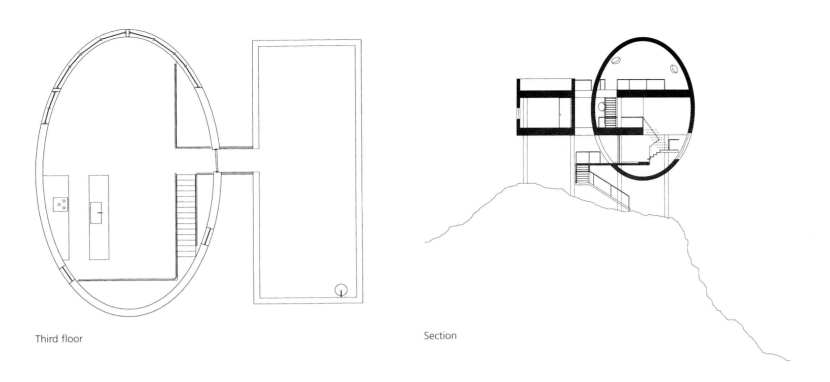

Third floor

Section

Below and right

The long curved walls and windows of the ellipsoid are glazed with an extremely shiny plastic paint medium, giving the interior a spaceship-like feel.

Unten und rechts

Die Wände und die geschwungenen, länglichen Fenster des Ellipsoids sind mit stark leuchtender Kunststofffarbe weiß gestrichen. So wirkt das Interieur wie ein Raumschiff.

Ci-dessous et à droite

Les murs et les larges ouvertures incurvées de l'ellipsoïde sont recouverts d'une peinture plastique très brillante qui donne à l'ensemble l'aspect d'un vaisseau spatial.

Onder en rechts

De muren en gebogen lange ramen van het ovaal zijn gevernist met een sterk glanzende kunststoflak die het interieur het uiterlijk van een ruimteschip geeft.

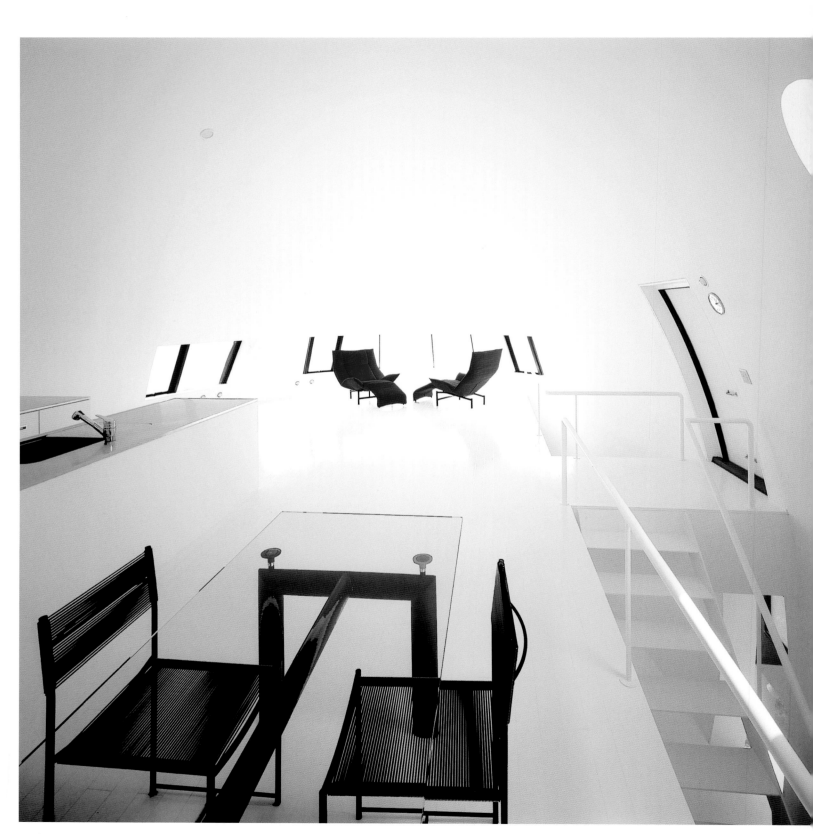

A-Cero Estudio de Arquitectura y Urbanismo
Falperra 7, bajo
15005 A Coruña, Spain
P +34 981 154 178
F +34 981 154 565
www.a-cero.com
House in Las Encinas
© Juan Rodríguez, Hisao Suzuki

Archi-tectonics
200 Varick Street, suite 507b
New York, NY 10014,USA
P +1 212 226 0303
F +1 212 206 0920
www.archi-tectonics.com
Gypsy Trail Residence
© Floto + Warner

Architektur Consult
Körblergasse 100
8010 Graz, Austria
P +43 31 632 31 00-35
F +43 31 632 31 00-30
www.archconsult.com
House for an Art Collector
© Paul Ott

ATT Architekten
Bauerngasse 12
90443 Nürnberg, Germany
P +49 91 127 44 79-0
F +49 91 127 44 79-44
www.att-architekten.de
Guggenberger House
© Stefan Meyer

Baas Arquitectes
Frederic Rahola 63
08032 Barcelona, Spain
P +34 933 580 111
F +34 933 580 194
www.jordibadia.com
CH House
© Eugeni Pons

Barclay & Crousse Architecture
7, passage Saint-Bernard
75011 Paris, France
P +33 1 49 23 51 36
F +33 1 49 07 88 32
www.barclaycrousse.com
House Equis
© Barclay & Crousse

Belzberg Architects
1507 20th Street
Santa Monica, CA 90404, USA
P +1 310 453 9611
F +1 310 453 9166
www.belzbergarchitects.com
Mataja Residence
© Tim Street-Porter

Bembé Dellinger Architekten
P +49 819 299 99 12
F +49 819 299 65 44
www.bembe-dellinger.de
Caesar House
© Oliver Heissner

Boncompte i Font Arquitectes
Pau Claris 117, 1.º 1.ª
08009 Barcelona, Spain
P +34 934 879 186
F +34 934 882 505
boncompte@coac.net
House in Arenys d'Empordà
© Eugeni Pons

Callas Shortridge Architects
3621 Hayden Avenue
Culver City, CA 90232, USA
P +1 310 280 0404
F +1 310 280 0414
www.callas-shortridge.com
Castor Packard House
© Tim Griffith

Carlos Zapata Studio
444 Broadway, 3rd floor
New York, NY 10013, USA
P +1 212 966 9292
F +1 212 966 9242
www.cz-studio.com
House in Miravalle
© Undine Pröhl

David Adjaye Associates
23-28 Penn Street
London N1 5DL, UK
P +44 20 7739 4969
F +44 20 7739 3484
www.adjaye.com
Electra House
© Lyndon Douglas

Dawson Brown Architecture
Level 1/63 William Street
East Sydney, NSW 2010, Australia
P +61 2 9360 7977
F +61 2 9360 2123
www.dawsonbrownarchitecture.com
Robertson House
© Anthony Browell, Patrick
Bingham-Hall

Eichinger oder Knechtl
Franzjsefskai 29
1010 Vienna, Austria
P +43 1 535 54 24
F +43 1 535 40 39
www.eok.at
House by a lake
© Eduard Hueber/Archphoto

Elliott + Associates
35 Harrison Avenue
Oklahoma City, OK 73104, USA
P +1 405 232 9554
F +1 405 232 9997
www.e-a-a.com
222 Residence
© Robert Shimer/Hedrich Blessing

Felipe Assadi
Málaga 940, Las Condes
Santiago, Chile
P +56 2 263 57 38
F +56 2 207 69 84
www.felipeassadi.com
Sistek Residence
© Guy Wenborne

FS3 Architekten
Waltendorfer Hauptstraße 95
8010 Graz, Austria
P +43 31 668 26 90-0
F +43 31 668 26 90-94
os2@ustrich.at
House Waltl
© Paul Ott

Greek Design
Rubinstein 4
08022 Barcelona, Spain
P +34 934 189 550
F +34 934 189 532
www.greekbcn.com
Aiguablava
© Joan Mundó

Guillermo Arias & Luis Cuartas
Carrera 11 N.º 84-42 Int. 5
Bogotá, Colombia
P +57 1 531 28 10
www.octubre.com.co
House in Honda
© Eduardo Consuegra

Hariri Pontarini Architects
245 Davenport Road, 3rd floor
Toronto, Ontario M5R 1K1, Canada
P +1 416 929 4901
F +1 416 929 8924
www.hariripontarini.com
House for an Art Collector
© Steven Evans

Hiroaki Ohtani
4-11-4 Himoyamate-dori, Chuo-ku
Kobe 650-0011, Japan
ootani@nikken.co.jp
Layer House
© Kouji Okamoto

Jackson Clements Burrows
One Harwood Place
Melbourne, VIC 3000, Australia
P +61 3 9654 6227
F +61 3 9654 6195
www.jcba.com.au
Kew House
© John Gollings

John Wardle Architects
Level 10, 180 Russell Street
Melbourne, VIC 3000, Australia
+61 3 9654 8700
+61 3 6954 8755
www. johnwardlearchitects.com
City Hill House
© Trevor Mein

Kennedy & Violich Architecture
160 N Washington Street
4th floor
Boston, MA 02114, USA
+1 617 367 3784
+1 617 367 3727
www.kvarch.net
House & Gallery
© Undine Pröhl

Klein Dytham Architecture
AD Bldg 2nd floor
1-15-7 Hiroo, Shibuya-ku
Tokyo 150-0012, Japan
+81 3 5759 2277
+81 3 5759 2276
www.klein-dytham.com
Kitahama Beach House
© Katsuhisa Kida

Leddy Maytum Stacy Architects
677 Harrison Street
San Francisco, CA 94107, USA
+1 415 495 1700
+1 415 495 1717
www.lmsarch.com
Baja California House
© Undine Pröhl

Lichtblau Wagner
Diehlgasse 50/1718
1050 Vienna, Austria
P +43 1 545 18 54-0
F +43 1 545 18 54-4
www.lichtblauwagner.com
Slope House
© Bruno Klomfar

Lynne Breslin Architects
176 Grand Street 2nd floor
New York, NY 10013, USA
P +1 212 965 8820
F +1 212 965 8830
www.lynnebreslinarchitects.com
Dune Residence
© Eduard Hueber/Archphoto

Marcio Kogan
Al. Tietê, 505
São Paulo Cep 01417-020, Brazil
P +55 11 3081 3522
F +55 11 3063 3424
www.marciokogan.com.br
Du Plessis House
Gama-Issa House
© Arnaldo Pappalardo

**Michael P. Johnson
Design Studio**
PO Box 4058
Cave Creek, AZ 85327, USA
P +1 480 488 2691
F +1 480 488 1656
www.mpjstudio.com
Sullivan Residence
© Bill Timmerman

Peter Forbes, FAIA
12 Main Street
Seal Harbour, ME 04675, USA
P +1 207 276 0970
F +1 207 276 0971
pfamaine@acadia.net
Maniatis House
© Fuji'i Image

Pich i Aguilera
Avila 138, 4.° 1.ª
08018 Barcelona, Spain
P +34 933 016 457
F +34 934 125 223
www.picharchitects.com
House in Llavaneres
© Jordi Miralles

Pugh & Scarpa, AIA
2525 Michigan Avenue, F1
Santa Monica, CA 90404, USA
P +1 310 828 0226 ext. 28
F +1 310 453 9606
www.pugh-scarpa.com
Solar Umbrella
© Marvin Rand

Rick Joy Architects
400 South Rubio Avenue
Tucson, AZ 85701, USA
P +1 520 624 1442
F +1 520 791 0699
www.rickjoy.com
Tucson Mountain House
© Undine Pröhl

Rockhill & Associates
1546 East 350 Road
Lecompton, KS 66050, USA
P +1 785 887 6849
F +1 785 887 3936
rockhill@kans.com
Porsch Residence
© Dan Rockhill

**Satoshi Kuwahara
Architectural Studio**
211 1-3-5 Daiba, Minato-ku
Tokyo 135-0091, Japan
P +81 3 3599 1340
F +81 3 3599 1341
www.s-kuwahara.com
House in Hakuba
© Nacása & Partners

Satoshi Okada Architects
16-12-302/303 Tomihisa, Shinjuku
Tokyo 162-0067, Japan
P +81 3 3355 0646
F +81 3 3355 0658
www.okada-archi.com
Gallery in Kiyosato
© Satoshi Okada Architects
Villa Man-bow
© Hiroyuki Hirai

Slade Architecture
367 East 10th Street
New York, NY 10009, USA
P +1 212 677 6380
F +1 212 677 6330
www.sladearch.com
Pixel House
© Kim Yong Kwan

Tito Dalmau
Paseo Picasso 12
08003 Barcelona, Spain
P +34 933 196 890
F +34 933 194 090
House in Barcelona
© Tito Dalmau

**Van der Merwe Miszewski
Architects**
163 Bree Street
8001 Cape Town, Southafrica
P +27 21 423 58 29
F +27 21 423 58 23
www.vandermerwemiszewski.com
Cliff Residence
© Van der Merwe Miszewski
Architects

Vicens Ramos
Barquillo 29, 2.° izquierda
28004 Madrid, Spain
P +34 915 210 004
F +34 915 216 550
vicensramos@arquired.es
House in Boadilla
© Eugeni Pons

Wingårdh Arkitektkontor
Kungsgatan 10A
41119 Göteborg, Sweden
P +46 31 743 70 00
F +46 31 711 98 38
www.wingardhs.se
Olsson Residence
© James Silverman